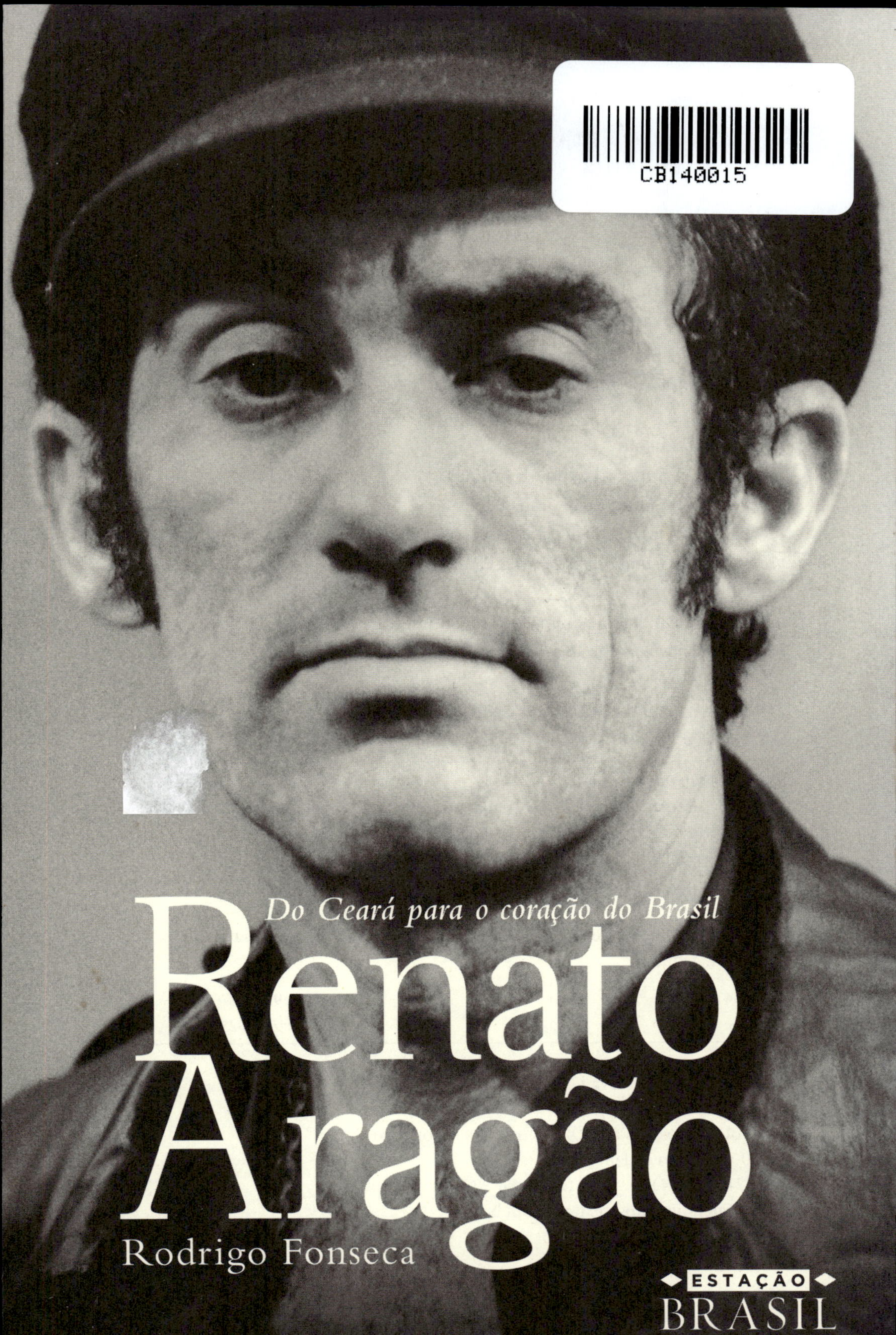

Do Ceará para o coração do Brasil

Renato Aragão

Rodrigo Fonseca

ESTAÇÃO BRASIL

edição: Pascoal Soto
preparo de originais: Cláudio Marcondes
pesquisa: Hélio Eduardo de Jesus Lopes
revisão: André Marinho, Hermínia Totti e Luis Américo Costa
projeto gráfico e diagramação: Ana Paula Daudt Brandão
capa: Raul Fernandes
imagem de capa: Paulo Salomão/Abril Comunicações S/A
impressão e acabamento: Lis Gráfica e Editora Ltda.

CIP-BRASIL. CATALOGAÇÃO NA PUBLICAÇÃO
SINDICATO NACIONAL DOS EDITORES DE LIVROS, RJ

F747r Fonseca, Rodrigo
Renato Aragão: do Ceará para o coração do Brasil/ Rodrigo Fonseca; Rio de Janeiro: Estação Brasil, 2017.
304p.; il.; 16 x 23cm.

ISBN 978-85-5608-027-1

1. Aragão, Renato, 1935-. 2. Comediantes – Brasil – Biografia. I. Título.

17-45641 CDD: 927.927028
CDU: 929-029:82-7

Todos os direitos reservados, no Brasil, por
GMT Editores Ltda.
Rua Voluntários da Pátria, 45 – Gr. 1.404 – Botafogo
22270-000 – Rio de Janeiro – RJ
Tel.: (21) 2538-4100 – Fax: (21) 2286-9244
E-mail: atendimento@sextante.com.br
www.sextante.com.br

"O Bem vence o Mal/ Espanta o temporal/ O azul, o amarelo.../ Tudo é muito belo." – Gorpo, o amigo do He-Man (dublado na voz de Mário Jorge)

"O que torna belo o deserto é que ele esconde um poço em algum lugar." – trecho de *O Pequeno Príncipe*, de Antoine de Saint-Exupéry

"Na distância entre aquilo que se vê e aquilo que se deduz reside uma certa poesia que a gente chama de cinema." – Walter Carvalho

Este livro é dedicado a duas pessoas, uma real e a outra... quase.

A real é Gustavo Gontijo, a quem devo um obrigado, um sorriso e muitos projetos... pois, na hora em que mais precisei de orientação, ele me respondeu com um abraço... abraço que só um pai – e ele é o melhor pai que o pequeno Caetano pode ter –, um super-herói ou um grande amigo sabem dar.

A quase real (na minha vida, pelo menos) é Sylvester Stallone, o melhor amigo imaginário que um menino lá do morro do Adeus poderia ter.

Sumário

Prefácio

Por *Augusto Cury*

A vida é como uma gota de orvalho que, por um instante, aparece e logo se dissipa aos primeiros raios solares do tempo. Por ser efêmera e complexa, deveríamos vivê-la com dignidade e maturidade, dando o melhor de nós para fazer os outros felizes, realizados e inteligentes. Meu amigo Renato Aragão seguiu essa trajetória. Procurou, ao longo de décadas, dar o melhor de si para abrir o leque da mente de quem o via e ouvia, para motivá-los, relaxá-los, brindá-los com um humor leve, ingênuo, inteligente.

Muitos que o admiram não sabem que esse poeta do sorriso atravessou vales e montanhas íngremes, primaveras e invernos emocionais. Mas, perspicaz e empreendedor, entendeu uma sofisticada equação existencial que poucos compreendem: somos seres humanos em construção, pois quem se diz autossuficiente é egocêntrico, quem é egocêntrico é estéril e quem é estéril não sabe se reinventar. Renato Aragão se colocou ao longo de sua jornada como um eterno aprendiz, soube transformar lágrimas em alegrias, perdas em ganhos e os dias mais tristes de sua vida nos capítulos mais importantes de sua história.

Começou timidamente sua carreira no fascinante estado do Ceará. E desde cedo lançou as bases que nortearam seu sucesso. Para ele, o sucesso não é fruto do acaso, mas da união das oportunidades, temperada com a ousadia e irrigada com a maturidade de começar tudo de novo tantas vezes quantas forem necessárias. Para quem pensa como o Renato, as crises e vaias deixam de infectar a mente e se tornam nutrientes para ser mais forte.

Formou-se em Direito, mas, em vez de seguir a razão, ouviu a voz do coração, sonhou em ser um poeta da emoção. Como mestre da alegria, evoluiu pouco a pouco, ensinando uma nação a sorrir, relaxar e se apaixonar pela vida. E assim se tornou um dos maiores humoristas do Brasil, da América Latina e do mundo. Muitos arrancam sorrisos da plateia debochando, escrachando ou hipersexualizando o roteiro. Renato não, ele é roteiro, dele emana uma academia da alegria. Quem o conhece sabe que ele faz piada de si mesmo.

Diferentemente do Renato, há muitos líderes que têm feito o Brasil chorar. Chorar pela corrupção, pelo desemprego, pela indiferença, pela necessidade neurótica de poder, de controlar os outros e de usar a sociedade para servi-los e não para se curvarem diante dela e servi-la. No âmago de nossa mente não há celebridades nem anônimos, ricos nem miseráveis, intelectuais nem iletrados – todos somos apenas caminhantes que andam no traçado do tempo em busca do mais importante endereço, dentro de nós mesmos. Um endereço que poucos encontram! Quem o encontra aplaude o essencial e torna irrelevante o trivial. E o essencial é a vida e as pessoas que amamos... O personagem desta biografia encontrou o essencial, tornou-se um vendedor de sonhos numa sociedade que deixou de sonhar, que está vivendo uma epidemia de ansiedade, intoxicação digital, violências e suicídios.

Quem dera houvesse mais mentes brilhantes que fizessem a nação sorrir e pensar! Quem dera houvesse mais empreendedores que entendessem esta tese de gestão da emoção: quem vence sem riscos triunfa sem glórias. Quem dera houvesse mais garimpeiros de ouro no território da emoção dos brasileiros. Os garimpeiros não produzem ouro, removem as pedras. Quem dera houvesse mais seres humanos como Renato Aragão...

Renato por Renato

Quem não sorri não abre para si as portas da oportunidade. O entusiasmo é tudo para o sucesso. Quando você diz "Vou vencer", já percorreu metade do caminho. Mesmo que repita cem vezes "Falhei, falhei, falhei...", tudo pode mudar se disser uma só vez: "Vou vencer!" E, mesmo que as pessoas não acreditem, o importante é você confiar.

No início dos anos 1960, eu era um estudante de Direito em fim de curso na Universidade Federal do Ceará, em Fortaleza, um funcionário do Banco do Nordeste com uma carreira promissora e, da noite para o dia, ao saber de um concurso para redatores na recém-inaugurada TV Ceará, resolvi que queria fazer televisão. Fiz uma prova, passei e não apenas fui escrever como dar a cara no ar. E isso com o sonho de um dia fazer cinema. Tinha acabado de casar, em pouco tempo fui pai e mal fazia ideia de como dar conta de tantos afazeres de uma só vez. Mas dei.

Filho do amor de Dona Dinorá pelo Seu Paulo Aragão, comecei minha carreira artística no Ceará, estado onde nasci, antes de me mudar para o Rio, com uma família embaixo do braço. Vim para o Sudeste com um contrato muito bom, mas era um mundo novo. Tudo poderia ser um risco. Mas era preciso ser forte. Diz o Euclides da Cunha: "O sertanejo é, antes de tudo, um forte." Eu parei no "antes de tudo". Mas tentei. Tentei a vida no Rio, entre as TVs Tupi e Excelsior, hoje extintas. Ainda arrisquei alguns programas na Record de São Paulo. Depois voltei ao convívio dos cariocas, fiz filmes – mais do que poderia esperar quando menino, menos do que desejo agora. Respeitei a vontade de Deus nesse percurso. Afinal de contas, o mistério da fé não tem mistério: se você crê em Deus, Ele está dentro de você como um escudo, fazendo a sua proteção. E ninguém pode tirar Deus de você a não ser você mesmo.

didi

Nunca vi Deus. Não sei se é mulher, se é homem, se é luz, se é força. Só tenho notícias do que Ele fez, do que criou e, sobretudo, do que salvou. Sempre quis beijar a mão dele e um dia, em julho de 1991, eu consegui. Atravessei o braço do Cristo Redentor, sob ventos fortíssimos, amarrado a um cabo de aço que, se eu caísse, cortaria meu corpo ao meio. Não caí... como você pode notar. Glória Maria, repórter do *Fantástico*, em terra firme, falava comigo pelo rádio, mas eu já nem conseguia entender, tamanha era a minha emoção. Meti a cara naquele desafio de fé e fui.

Se a física faz movimentar várias coisas sobre a Terra, o amor movimenta todo o Universo. Tenho amor por Deus. Tenho amor pelas crianças. E pelo que está por vir. Aquela travessia eu fiz com Ele, para Ele e para as crianças deste Brasil, a quem me dedico há cerca de 32 anos no Criança Esperança. É o meu jeito de dar um basta ao abandono e ao descaso em relação à infância, em relação à inocência. Aceitei, como uma honra que não tem preço, o posto de embaixador do Unicef e, com determinação e responsabilidade, tento fazer valer a vocação humanitária do Fundo das Nações Unidas para a Infância na defesa do nosso amanhã. Um amanhã que se abre em sol, em sorrisos infantis. Sorrisos de diversas raças e diversos credos. Na fé eu faço isso. Quem tem fé não tem medo. Na fé eu sou feliz.

Com Deus, vem a felicidade. E felicidade não é um bicho de sete cabeças. Ela é tão simples: é só saber ser feliz com aquilo que possuímos. E não se corre atrás dela: ela vem. Tenho hoje cinco filhos, uma penca de netos, uma mulher com quem vivo como eterna namorada e a certeza, após ter atuado em cinquenta filmes, de que posso fazer mais cinquenta. E tenho muitos motivos para continuar vivendo: dentre eles, o amor pela vida. Aprendi que não se pode – nem se deve – correr desesperadamente atrás da felicidade. Sobre esta, o meu pai, Paulo, escreveu estes versos: “Tudo o que ouves e vês, Humanidade/ (mas não entendes) é a Felicidade/ que em meses fartos te oferece Deus.”

Quanto mais você a persegue, mais ela foge do seu alcance. Tenha calma. Procure atraí-la com serenidade e humildade. Ela está dentro de você. Basta saber olhar para dentro. Ela talvez só precise de um alimento: a caridade. Se você ajudar alguém, não conte a ninguém. Mas, se alguém o ajudar, propague, escreva nos classificados. Valorize o próximo: ninguém é feliz sozinho.

Uma pessoa comum procura sempre corrigir os defeitos dos outros. Uma pessoa especial procura sempre corrigir os próprios defeitos. Sou uma pessoa séria: não sou a pessoa engraçada que o Didi é. Talvez por isso eu enxergue o Didi como um anjo. Não porque ele faz coisas que eu não conseguiria, com a timidez que tenho, mas porque o Didi é uma criança eterna. E essa criança, que me apareceu como inspiração no dia em que escrevi o meu primeiro esquete para a televisão, na TV Ceará, em 1960, virou meu amigo imaginário. Aprendi com ele um pensamento: "Se escorregar, equilibre-se; se cair, levante-se rápido; se esbarrar num obstáculo, contorne-o; só não desista, nunca; tente outra vez: atire seu coração sobre um projeto e seu corpo irá junto."

Este livro é uma forma de saciar a curiosidade que as pessoas – os amigos que fiz ao longo da estrada, amigos que me tratam com o carinho de fãs – possam ter sobre o percurso que venho fazendo. O homem já foi à Lua, manda satélites para Marte e para outros planetas. Não seria melhor fazer uma viagem para dentro de si mesmo? Bom, esta é uma viagem para dentro de mim. Uma viagem feita de saudades, memórias e muita gratidão. Mas uma viagem com um cuidado: "Quem muito comenta o passado se esquece do presente e nada tem a fazer no futuro." Ainda tenho muito que fazer. Estou hoje com 82 anos, mas há muito caminho pela frente.

Prazer, sou Antonio Renato Aragão e esta é uma parte das minhas recordações. Bem-vindo à minha história.

Setembro de 2017

Seu (e meu) Renato

Por *Rodrigo Fonseca*

Cresci (ou acho que cresci) com dois amigos imaginários. Deles eu tenho certeza. Um foi o Didi. O outro foi Sylvester Stallone. Este não sabe disso. Mas o Didi, sim... Sabe tão bem que tornou realidade uma amizade que, durante 37 anos, ocorreu apenas num plano virtual, na admiração e no ardor. De certa forma, Renato e Stallone entraram na minha vida ao mesmo tempo, pelos mesmos episódios e com o mesmo cheiro. Um cheiro de dois homens, um pai, outro padrinho, que se amalgamaram em mim no mesmo nome: João. João dos Reis me fez e João Dornas me criou. Os dois aqui dentro são um pai só: meio Rambo, meio Didi.

Esse povo todo se cruza na bagunça do meu coração em 1987. Estamos no subúrbio do Rio de Janeiro, morro do Adeus, no Complexo do Alemão, em Bonsucesso. Naquela época a polícia – com o apoio das Forças Armadas – instalou um posto de vigia por lá, em função das constantes trocas de tiros com os traficantes locais. A fim de controlar a população, revistava-se tudo e todos, até mesmo um português já cinquentão àquela época que andava sempre sujinho de poeira de batatas e de graxa. O nome dele era João dos Reis, originário do vilarejo de Armamar, no norte de Portugal. Seu João, semianalfabeto, falava com sotaque carregado e mal sabia rabiscar os números e o próprio nome. Cada vez que subia a ladeira da Cajuípe, com seu falar rústico, acabava levando uma bordoada de um fardado que abusava do poder. E isso era testemunhado por seu filho de 7 anos, encarapitado no encosto de uma poltrona desbotada. No caso eu, que via *Os Trapalhões* no colo dele, colhendo a poeira de batatas.

João Dornas, meu padrinho, segurança de um armazém no Cais do Porto, costumava ser detido por andar armado. Mas, imponente que era, safava-se das duras. Porém o Dindinho ouvia sempre: "Pobre com arma é que nem cobra pronta pro bote." O policial da dura não devia ter muito mais dinheiro que o povo do Adeus. Mas a gente era de morro. E no morro a gente era invisível. Um João era igual ao outro.

Da janela do Adeus, o guri vislumbrava a agressão como um destino sem remédio. Isso até o dia em que viu *Rocky: Um lutador* na TV. Aquela versão suarenta e suburbana de Cinderela deu ao rapazinho de 7 anos um horizonte maior que o do Complexo do Alemão: no cinema, havia redenção. Dias depois, a Globo exibiu *Os Trapalhões e o Mágico de Oróz* (1984), com Renato como uma Dorothy marxista. De sua boca saiu um feitiço que guardei no mesmo lugar onde as frases de Balboa vivem em mim: "Vamos todos pensar firme/ Vamos todos pensar forte/ Pra cair um pingo d'água/ E mudar a nossa sorte."

O tempo passou, seu João padrinho morreu e seu João pai também (este se foi sem nunca ter pisado numa sala de exibição). Mas o filho dele – no caso, eu – seguiu por outras lutas e outras trapalhadas, sem nunca tirar Stallone ou Renato e seu Didi do coração. Este livro coroa essa amizade com a potência de um filme e com o cheiro do meu pai duplo. E que agora é um pouco Renato.

Renato, obrigado por ser o meu amigo imaginário há tanto tempo. No dia em que eu chegar no Stallone, você vai ser o primeiro a saber. E sei que vai ser o primeiro a sorrir.

Trailer

Angola, anos 1990

Milhares de pessoas se aglomeram nos arredores de um ginásio, em Luanda, a fim de ver a coqueluche importada do Brasil: Os Trapalhões, em carne, osso e gargalhada, fariam um show na capital angolana para levantar os ânimos de uma África maculada pela pobreza. O grupo vê a multidão lá fora, afoita e inquieta, e sente a responsabilidade: longe de casa, outro continente, contexto de dificuldades econômicas. Renato olha para os companheiros com a disciplina de quem tem um dever a cumprir. Quando passam por uma entrada lateral que dá acesso ao camarim, ele dá uma espiada na plateia.

Se lá fora estava aquele fuzuê, imagina quanta gente não teria lá dentro? Ledo engano: só um terço das arquibancadas estava ocupado. Por quê? O ingresso custava cerca de 500 dólares. Era um show para as elites. A massa de cor negra tinha ficado do lado de fora. Dentro, pouca gente, classe média alta. Renato se chateia. Os colegas também. Ele se vira para os organizadores: "Só não cancelamos este show porque a gente é profissional." Aí passou ao lado deles um repórter da TV local propondo um flash ao vivo, justo naquele instante de tensão... Renato aproveita os holofotes e manda ver ao vivo na TV: "Hoje vamos fazer um show aqui. Mas amanhã vamos fazer um espetáculo de graça, para quem quiser ir, no Cine Karl Marx."

Ele e os colegas entram no palco. Rola o show. Risos, trapalhadas, todos caem nas artimanhas de Didi. Enfim, o prato feito mais quentinho do cardápio dos comediantes é servido. Sinal de respeito a quem pagou. Acaba o show e circula por Luanda a notícia: "Amanhã, show dos Trapalhões, de graça, no Cine Karl Marx." Os quatro se preparam para o desafio: no dia seguinte, iriam ter casa cheia, agora com um público que mal tinha um trocado para comprar pão. Dito e feito: no dia seguinte, uma plateia majoritariamente negra aplaude os quatro. Alguns falaram, na imprensa angolana, de democracia. Renato pensou só em crianças: nas centenas que poderia alegrar naquele momento, com a sua política do sorriso. Que havia anos os brasileiros em peso já conheciam.

Corta para...

Infância, juventude

Família Aragão, em 1940: Dona Dinorá e seu Paulo (ao centro) cercados pelos oito filhos. O caçula Renato está ao lado do pai.

Às vezes, os pais dizem:
"Deixa esse menino se virar sozinho que ele aprende."
Pode até aprender, mas precisará de uma
orientação adequada.
Certa vez um adulto que já foi criança de rua
me falou: "Sou forte porque me criei sozinho,
mas sou confuso porque não fui orientado."

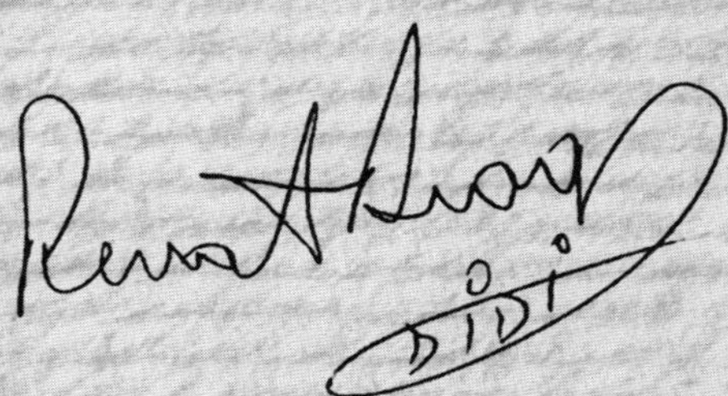

Santo Antônio

Conhecido como Didi por causa do personagem que o celebrizou, o caçula de Dinorá e Paulo Aragão foi batizado de Antonio Renato logo após nascer, no dia 13 de janeiro de 1935, na cidade de Sobral, no Ceará. Era o oitavo filho do casal. Antes dele vieram duas meninas (Etienete e Mariete, ambas já falecidas), dois meninos (José Rufino e Jesuíno), mais duas moças (Arizete e Ivete) e Francisco Paulo, o irmão de quem hoje é mais próximo e que administra a RA (Renato Aragão Produções Artísticas), aberta em 1977.

Pouco depois que José Rufino e Jesuíno vieram ao mundo, Dona Dinorá engravidou de novo. Se fosse menino, seu nome seria Renato de Veneza. Mas o parto acabou se complicando e o bebê nasceu morto. Em seguida, vieram mais duas meninas e só então os dois filhos mais novos, que, por via das dúvidas, acabaram ganhando nome de santo para protegê-los. Francisco, que se apresenta apenas como Paulo, foi uma reverência a São Francisco de Assis, o patrono da ecologia, padroeiro dos humildes.

Já Antonio Renato foi ao mesmo tempo uma homenagem ao bebê que morreu e ao santo casamenteiro de quem Dona Dinorá e seu Paulo eram devotos. Dessa vez, a gravidez vingou e o parto correu com perfeição. "Foi a bênção de Santo Antônio", pensaram os pais de Renato, que herdou a devoção deles.

Para evitar que o filho tivesse problemas de saúde, Dona Dinorá fez questão de amamentá-lo o máximo que pôde. E põe máximo nisso. Renato foi alimentado com leite materno até os 4 anos. "Minha tia Edite brigava com ela, dizendo 'Esse menino já sabe andar. Mamar pra quê?'", conta Renato, que afinal perdeu a "mamata" sob as ordens e a fiscalização do pai.

As cores claras dos vestidos de Dona Dinorá

De acordo com o Censo Escolar de 2016, o Centro de Educação Infantil Dinorá Gondim Lins Aragão, em Sobral, atende 190 crianças, oferecendo assistência social e ensino de referência no Nordeste. É um padrão de excelência que faz justiça à educadora que dá nome ao colégio e que foi a responsável direta pela formação intelectual de Renato Aragão. Pois foi sua mãe, Dinorá, quem lhe ensinou os rudimentos da alfabetização. E, por seu empenho na educação das crianças de Sobral, ela acabou se tornando um exemplo de cidadania. Renato até hoje não sabe de onde veio toda a cultura dela, que era versada sobretudo em francês.

Mãe e professora: Dona Dinorá ensinou o filho a ler, escrever e fazer traquinagens.

De cabelos pretos ondulados, que foram se agrisalhando conforme os filhos cresciam, Dona Dinorá usava sempre roupas claras, preferindo os vestidinhos simples e mais confortáveis no calor cearense. Como lembra o caçula, em reuniões ou eventos mais formais, ela "botava pra quebrar", usando as roupas mais finas e elegantes de seu armário. E que sempre refletiam a sua principal característica: a alegria contagiante. Renato guarda na memória o sorriso sempre estampado no rosto da mãe. Mesmo em seus gestos mais severos de professora exigente, nas horas em que lecionava para o filho nos fundos da casa, ela parecia muito feliz. E foi a alegria dela que marcou a veia cômica de Renato. Foi com ela que aprendeu suas primeiras traquinagens e piadas.

Um exemplo é a maquininha de choque que ela mantinha em casa para fazer pegadinhas em algum parente mais distante ou em alguma visita desavisada. É verdade: Dona Dinorá tinha um aparelhinho de eletrochoque, como os que eram usados em manicômios, com o qual se divertia pregando peças. "Segura aqui, moço, e o senhor vai ver como essas duas rodas se equilibram", dizia ela apresentando a traquitana. Aí, quando menos se esperava, era ativada a energia do aparelho e o pato caía na arapuca: o choque fazia a pessoa largar a máquina, assustada, tremendo da cabeça aos pés – para deleite de Dona Dinorá, que mal conseguia disfarçar o riso enquanto se prontificava a ajudar o eletrocutado. Já o pequeno Renato não se continha e caía numa gargalhada de cumplicidade.

Mas essas brincadeiras a dois não eram a única conexão entre mãe e filho. Havia também as comidas que ela preparava para satisfazer não só o pequeno Renato como os outros filhos. Numa tríplice jornada, Dona Dinorá se dividia entre a arte de ensinar, as tarefas domésticas e as incursões pela cozinha. Tinha o arroz com feijão corriqueiro, mas também a iguaria pela qual sua mão de mestre-cuca será sempre lembrada: a galinha à cabidela. Seu molho pardo conquistou um lugar inabalável no paladar do menino Aragão. Melhor do que isso só o abraço dela, do qual ele sente falta até hoje.

Ventre livre

Indesejada das gentes, a morte sorriu para Renato algumas vezes. Mas a primeira delas se deu quando ainda era um garotinho e sofreu com uma forte prisão de ventre, misturada a cólicas, que lhe tirou toda a força e vitalidade. Não havia quem soubesse o que tinha o filho mais novo da família Aragão. Tampouco se sabia como curá-lo. Seus pais chegaram a ouvir que o menino estava desenganado: "Não vai sobreviver", dizia-se em Sobral.

Então uma tia, Dona Edite, irmã de sua mãe, resolveu inspecionar o sobrinho e ver se dava um jeito nele. Pegou o garoto no colo, apertou daqui, apertou dali e, recorrendo à sabedoria popular, fez um diagnóstico geral, determinando taxativa: "Este garoto precisa é de uma boa lavagem."

Dito e feito. A água lavou o que havia nos intestinos do menino. Ventre livre. No dia seguinte, Renato saltitava feito boneco de mola. Dizem também que, em paralelo à lavagem intestinal, houve uma promessa, que lhe custaria bem caro. Mas isso é assunto para daqui a pouco.

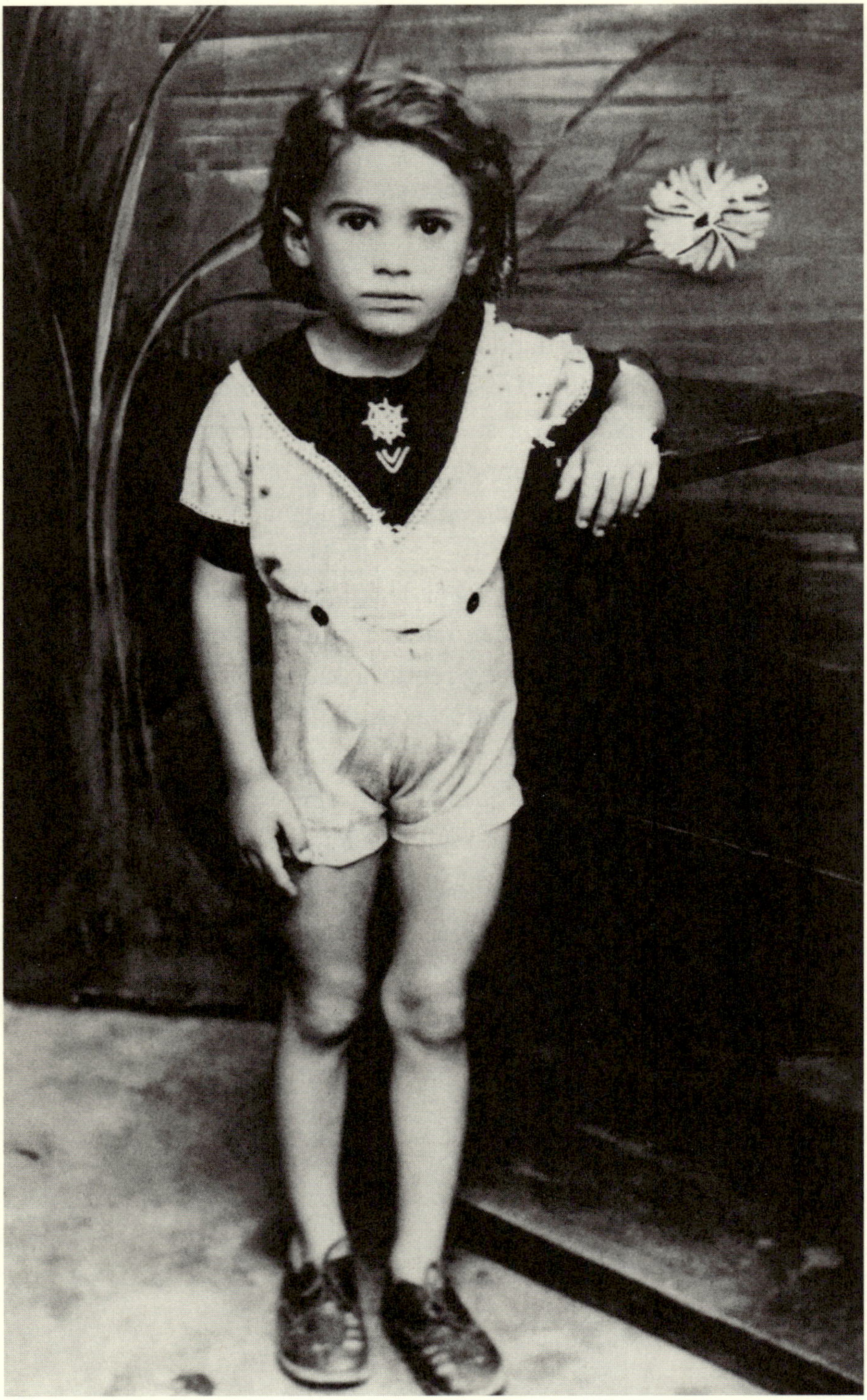

Renato aos 5 anos, com os cabelos grandes devido a uma promessa de que só poderia cortar as madeixas aos 7 anos.

Cachinhos (quase) dourados

Existe uma foto nos acervos pessoais de Renato que o mostra ainda bem criancinha, por volta dos 5 anos, com uma cabeleira típica de menina que, se analisada pelo Didi, arrancaria risadas e provocaria uma reação do tipo: "Humm... Esse camufla!" As longas madeixas ostentadas naquele retrato foram decorrentes da fé, mas foi o pequeno Renato quem pagou o pato.

"Eu não sei que promessa fizeram para que eu pagasse. Não sei se foi de uma das minhas irmãs... ou se foi por conta da história da lavagem do meu intestino preso... Sei que a promessa exigia que eu só cortasse o cabelo quando fizesse 7 anos", conta Renato. "Aí tu já viu, né? Imagina quanto de bullying que eu não devo ter sofrido, em pleno Nordeste, na Sobral de mil novecentos e antigamente, por ser menino e usar uma cabeleira daquelas. Mas uma hora cortaram." E foi um pouquinho antes de o garoto fazer 7 anos.

Logo depois, Renato conheceu sua avó paterna, Dona Ana Maria Ximenes de Aragão, que morava em Forquilha, município vizinho de Sobral localizado a 208 quilômetros de Fortaleza. Dos avós, Dona Ana foi a única com quem teve contato. Ele lembra de ter lhe pedido a bênção já com o cabelinho aparado. "Imagina se eu tivesse ido conhecê-la de cachinhos... como a véia ia estranhar", brinca o trapalhão.

Fome e pobreza em Sobral

Há uma passagem do filme *Os saltimbancos Trapalhões* (1981) em que o quarteto ouve o ronco de vazio na barriga ressoar como uma sinfonia. Num diálogo entre Zacarias e Mussum, evoca-se uma curiosidade culinária asiática como forma de entorpecer o clamor de panças ocas: "Sabia que na China se come cachorro?" Ambos olham para um cãozinho de estimação e arriscam um bote, ainda que só na ideia, interrompido por um latido imponente. Naquele circo, ninguém come cão. Ali, no filme cult de J. B. Tanko, a sensação da falta arranca gargalhadas, mas planta a pulga da perplexidade. Pulga que pula e coça em outros filmes de Renato Aragão como uma necessidade de alerta, de denúncia da miserabilidade brasileira, em especial a da sua região natal. Ser nordestino, para o trapalhão, é resistir. Resistir e perseverar. Mas ambos os verbos se inscrevem na pedra de um reino realista onde a falta de alimentos é uma praga. Essa percepção tem uma espécie de "mito de formação" na história de Renato.

Quando pequenino, ainda em Sobral, Renato Aragão tinha uma vida confortável, com direito até a babá. Seu pai tinha uma pequena fábrica de azulejos e a mãe trabalhava como professora numa escola nos fundos da casa onde moravam. Mesmo sendo Sobral a segunda maior cidade do Ceará, atrás apenas da capital, Fortaleza, nem todos os seus habitantes tinham a mesma qualidade de vida dos Aragão.

No mesmo bairro onde Renato morava havia uma área em que vivia muita gente que passava necessidade. Ele próprio não tinha noção dessas diferenças. Mas algo o levava a brincar sempre com as crianças da área mais pobre. Muitas vezes ele levou bola de futebol para jogar com os outros meninos. Em outras, levava comida. Até hoje, Renato lembra que o pratinho dele de galinha à cabidela era dividido por quatro crianças. Ele também se servia do arroz com feijão dos meninos. De-

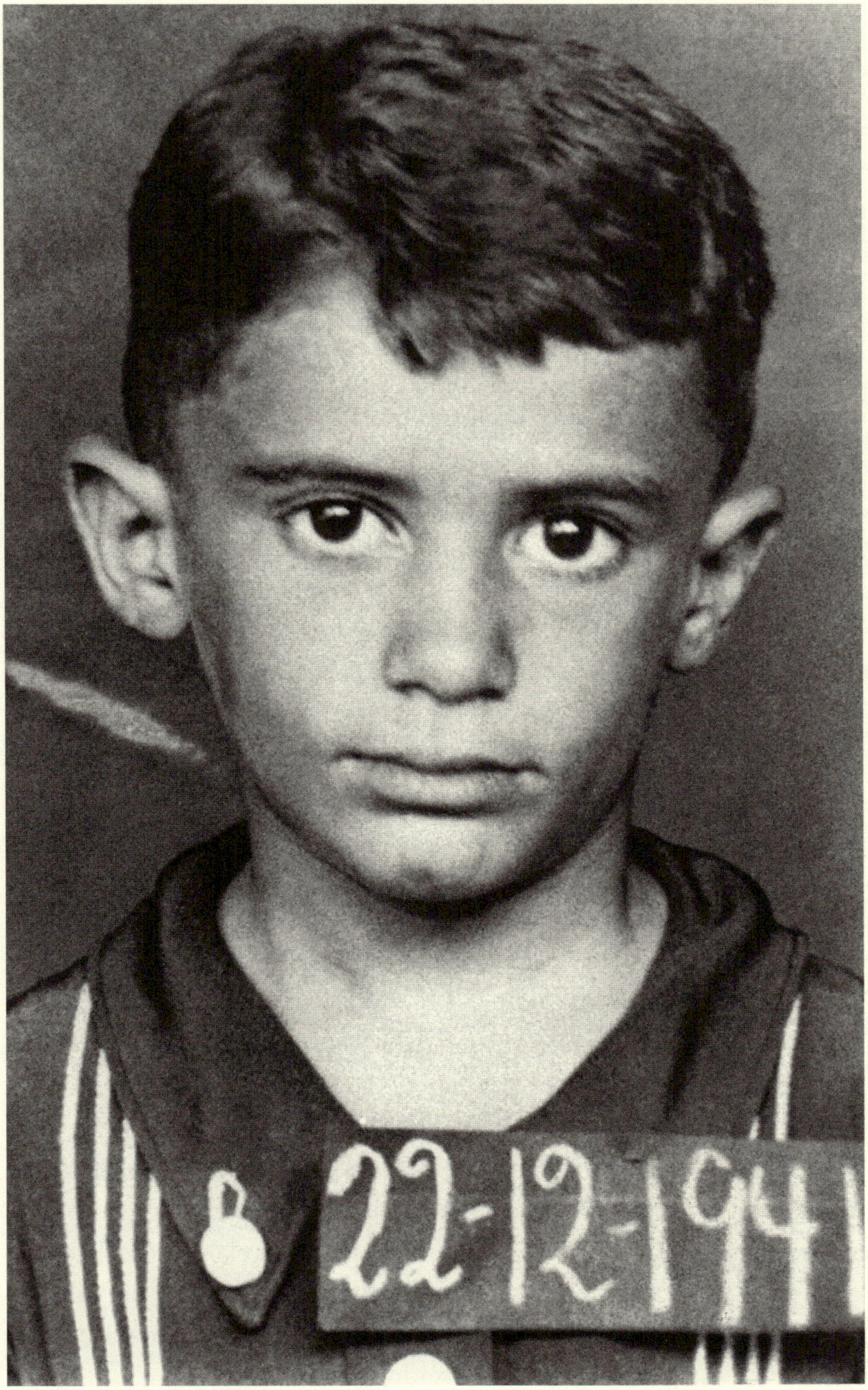

Renato às vésperas do sétimo aniversário: a semente da solidariedade foi plantada ainda na infância ao ver a situação de penúria dos amigos.

veria até haver uma lei: quem brinca junto deve comer a mesma coisa. Renato não entendia essa divisão. Só percebia que havia algo errado. Aquela pobreza era muito grande.

Um dia, um garoto negro que brincava com ele disse assim: "Tô com fome, vou comer lá em casa." Devia ser por volta das duas da tarde. Naquele tempo, as pessoas costumavam almoçar lá pelas onze da manhã. Ele então acompanhou o colega: era aquele casebre típico, com chão de terra batida, cama de palha, teto de sapê. Numa parede, uma sacola com um copo. Na mesa, a moringa com água. O menino foi até a sacola e pegou uma rapadura. Raspou um pouco sobre o copo, completou com água, mexeu. Aí tirou uma banana da sacola e comeu, com casca e tudo. Ali, pela primeira vez, Renato entendeu a pobreza.

"Meu Deus, e eu comendo galinha e tudo." Mesmo para uma criança pequena, não havia como não pensar nessa diferença. No Nordeste, a fome matava mais que muitas doenças. Conterrâneo de Renato e companheiro em vários momentos da sua carreira, o grande Chico Anysio ouviu do próprio pai, muitas vezes, uma frase comum no sertão: "Esse garoto não vai vingar! Olha como é magrinho!"

Depois desse episódio, Renato passou a ir mais à casa do colega, para conversar com ele. Às vezes, levando um almoço, um lanche. Certa vez, Renato ganhou 2 mil-réis do pai. Mais tarde, foi chamar o colega e os irmãos dele para brincar e acabou falando dos trocados que ganhara. A mãe do menino estava chorando porque não tinha dinheiro para nada. O amigo, então, pediu: "Renato, me dá aqueles 2 mil-réis?" Ele entregou, sem pestanejar.

Já naquela época, o futuro trapalhão – que depois sempre cuidaria para que crianças de orfanatos fossem levadas às pré-estreias de seus filmes, arcando ele próprio com todas as despesas – se sentia bem em fazer o bem. Se com aqueles 2 mil-réis ele podia comprar muita coisa, o destino do dinheiro nas mãos daquela mulher provavelmente seria muito mais importante. Mesmo sem saber como ela iria gastá-lo, Renato intuiu isso. Doar o dinheiro fez com que ele pensasse naquilo durante muito tempo. Estava plantada a semente da solidariedade que, no futuro, o levaria a se tornar embaixador do Unicef.

Outro episódio também marcou demais a infância de Renato Aragão em Sobral. Só que, dessa feita, não foi com um colega de brincadeiras, e sim com uma menina que ele só viu duas vezes. E a segunda vez... bem, foi assim:

Famílias como as de Renato acabavam sendo benfeitoras de outras, menos afortunadas. Algo comum, no Nordeste, era a menina de uma família pobre, quando atingia idade suficiente, ir trabalhar como empregada na casa de outra família, mais rica. Assim, essa criança tinha um lugar no qual podia comer, às vezes dormir, ganhar uma roupinha usada de vez em quando e também não gerar despesa em casa.

Havia uma família mais pobre, com muitos filhos, perto de onde os Aragão moravam. Certa vez, Renato foi até a casa deles brincar com as crianças e, lá chegando, viu uma das filhas, muito magrinha, nos braços da mãe. Parecia haver algo errado com a menina. Sempre que Renato se mexia para qualquer canto na casinha pequena, simples, com teto de sapê, ela o seguia com o olhar. Em nenhum momento tirou os olhos dele. O pequeno Renato já estava sem jeito, até ficava de costas. Mas sempre que se virava lá estava ela, o encarando. Era quase um joguinho, brincadeira de gato e rato, só que no olhar, o tempo todo.

Depois de brincar, Renato foi embora, mas ficou impressionado com o olhar firme daquela menina. Ele não sabia que ela estava prestes a morrer. No sertão, a morte muitas vezes não tarda, chega pela manhã.

"Nessa época eu dormia numa rede, como toda criança. De madrugada, escutei bater no cunho da minha rede. Sonolento, abri os olhos. Olhei, era ela. Era a menina que estava no colo da mãe e tinha me olhado a tarde toda", conta Renato. "E ela me disse assim: 'Renato, você vai ser meu protetor.' De manhã cedo, recebi a notícia de que ela havia morrido e minha mãe foi cuidar do enterro."

Essa visão deixou Renato atordoado. Ele não tinha mais do que 12 anos. Era ainda uma criança. Não podia afirmar que aquilo havia de fato acontecido. Nem mesmo hoje tem certeza! Sonho, visão, premonição? São mistérios que o ser humano nunca vai desvendar.

Ele nunca mais viu a menina em seus pensamentos. O mais intrigante é que ela não aparentava ter mais de 3 anos. Era uma criança de colo, nem falava direito. Só que, no momento daquela visão, ou sonho, ela falou direitinho. Outro ponto de que Renato se lembra com clareza: ele sentiu a rede balançar ao ser acordado. E estava num sono pesado, pensando na imagem dela olhando para ele.

Existe uma tradução para a situação de perda que Renato viria a aprender nos anos seguintes de um nordestino como ele (só que do Recife), o poeta João Cabral de Melo Neto:

> "Somos muitos Severinos
> iguais em tudo na vida (...)
> morremos de morte igual,
> mesma morte severina:
> que é a morte de que se morre
> de velhice antes dos trinta,
> de emboscada antes dos vinte,
> de fome um pouco por dia
> (de fraqueza e de doença
> é que a morte severina
> ataca em qualquer idade,
> e até gente não nascida)."

No confronto com essa dura realidade da fome e da miséria, Renato fez do trabalho sua homilia de fé, sua forma de se ligar com o Céu onde está a menina entre as suas recordações mais dolorosas. Mais do que o afã de trabalhar, veio dessa memória a centelha de devoção a um dos principais projetos de sua vida, o Criança Esperança: "Esse projeto é para mim um filho que embalei e criei, como a maior realização da minha história pessoal e profissional, por ter me revelado o quanto as crianças deste país ainda são jogadas para escanteio na ordem de prioridade de muitos adultos, inclusive dos governantes. Criança não dá voto", diz Aragão. "Aquilo de que o Brasil mais necessita é educação: ver suas crianças na escola, com alimento para o espírito e merenda para a barriga, longe da fome."

Tão longe, tão perto

De acordo com o site oficial da Prefeitura de Sobral, a distância de lá até a capital do Ceará é de 235 quilômetros, algo que parecia uma lonjura monumental – e poeirenta – na cabeça de uma criança de 10 anos do Brasil de 1945. Essa era a idade que Renato tinha quando saiu de sua cidade natal e mudou-se para Fortaleza, com os pais e dois de seus sete irmãos: Ivete e Paulo. As demais irmãs haviam casado e os irmãos Jesuíno e José já estavam trabalhando. O motivo da mudança: seu pai fora convidado para ser sócio em uma fábrica de louças chamada Sonda. Para o empresário, aquela parecia uma boa oportunidade de mudar para uma metrópole que garantiria melhor formação para os filhos.

À época, Renato estudava no Ginásio Sobralense, ainda no ensino fundamental, e seu pai sustentava a família com os lucros de uma fábrica de ladrilhos, que vendeu às vésperas de viajar. Deixar Sobral não chegou a ser uma dor para o menino Aragão, que nasceu numa época de maior estabilidade financeira dos pais, com direito aos cuidados de duas babás: Isabel e Teresa. E, para sua felicidade, a babá Teresa resolveu ir junto com a família, para acalantar o menino sempre que Dona Dinorá necessitasse.

Essa animação de viver numa cidade tamanho GG lhe calava mais fundo do que a saudade do lar. Fora isso, sempre teve chance de voltar à Sobral amada, nas férias de sua nova escola, o Colégio Lourenço Filho, no centro de Fortaleza, cujo prédio hoje não existe mais. Lá, Renato fez grandes amigos, que o seguiram pela vida toda, como o futuro arquiteto e professor José Newdson Bandeira Braga.

"Havia um encanto enorme em conhecer uma cidade nova, de praias, urbanizada, que prosperava dia a dia", lembra Renato. "O que

O casal Aragão, Dinorá e Paulo, se muda para Fortaleza em busca de melhores oportunidades para a família.

me incomodava, de cara, em Fortaleza, era a necessidade de ter que andar muito... muuuuito... para poder chegar aonde fosse, pois tudo parecia longe."

A experiência do pai de Renato com a Sonda não deu certo, o que complicou a saúde financeira da família por uns três meses. Coube ao velho Paulo – que se arriscava à época numa carreira paralela como cronista nos jornais *O Povo* e *Correio do Ceará* – abrir mão do negócio de louças e partir para uma nova empreitada: trabalhar numa firma de representações (de produtos diversos, sobretudo itens de laboratório), a Ranulfo Torres Raposo. Anos mais tarde, ao concluir o serviço militar no CPOR, o próprio Renato trabalhou como representante de fabricantes de medicamentos. Mas foi por pouco tempo.

Velho Chico, o sagui

Ainda pequeno, em Fortaleza, Renato teve um amigo de fé, o Chico, um sagui todo serelepe, metido a Didi (que ainda não existia), com quem viveu uma série de peripécias por volta de seus 12 anos. Mas antes de a gente saber o que essa duplinha aprontou... vale conhecer outros companheiros do mundo animal que ele teve. Afinal, Renato é um verdadeiro ímã para bichos. Basta citar um dos mais famosos, Lupa, o vira-lata de *O trapalhão nas minas do rei Salomão*, o maior fenômeno de bilheteria do quarteto. Eita cãozinho pra emocionar! Na cena em que Lupa morre, todo mundo cai no choro. Tanto os narizinhos de guris e gurias de dente de leite como os narizes de jovens adultos ou até de bocas banguelas fungavam sem parar.

Mas desse filme a gente fala já, já. O protagonista aqui é Chico. Mas o coadjuvante da história é Dândi. Esse é o nome do primeiro bicho de estimação: um cachorrinho. Era o cão da família Aragão, obediente e amoroso. Desde a segunda metade dos anos 1930, ele foi o xodó da casinha de Sobral onde Renato nasceu. Reinou soberano até o dia em que um dos irmãos do futuro trapalhão, Paulo, apareceu em sua casa de Fortaleza carregando um sagui na bicicleta.

"Até hoje não sei como ele trouxe aquele bicho lá pra casa, só sei que Chico, o Chiquinho, veio amarrado num cordão", conta Renato. "Como nunca gostei de ver bicho amarrado, isso desde criança, soltei o Chico no quintal e fui dar comida para ele. Adorava fazer isso. Ele vinha, tentava me morder, mas não apertava os dentes no meu dedo. Como vinha até mim para comer, eu conseguia ficar perto e dominá-lo com uma coceirinha na pança. Coçava a barriguinha dele, e aquele bicho, muito arisco, amansava."

A relação entre o menino e o sagui floresceu na amizade, no amor, até o dia em que ele viu uma fêmea de sua espécie – ou, como define Renato, uma "saguia". Aí foi amor à primeira vista, e ele virou as costas para o menino e nunca mais voltou. Esse foi o primeiro caso de coração partido de Renato. Seria uma fossa pesada não fosse pela chegada de um gato, o Salomão.

Esse também foi um amigo importante na infância de Renato, ainda que com o esnobismo característico dos gatos. "Ele saía para a farra e, de noite, vinha dormir nos meus peitos", diz Renato, que hoje brinca definindo-se como um "porteiro de gatos" em referência aos felinos carentes de afeto (e de um belisquinho no seu prato, durante as refeições) miando pela casa onde mora. Mas nunca falta um carinho para eles.

Calção de aluguel

É notória a beleza do município de Fortaleza, sobretudo a de suas praias, que estão entre os pontos turísticos mais visitados. As praias de Iracema, Meireles e do Cocó são paraísos naturais, assim como o farol do Mucuripe e a lagoa de Messejana. De todas as praias da capital cearense, a mais famosa e a preferida entre os turistas atualmente é a praia do Futuro, que fica a 11 quilômetros do centro e se estende por 8 quilômetros da orla com areias fofas e claras, ondas fortes e dunas.

Nos idos da década de 1950, contudo, para o Renato adolescente, a realidade era bem outra. Para começar, a praia do Futuro ainda era só "do futuro"; na época, a mais procurada era a praia de Iracema, de acesso mais fácil. Mas não muito. Ainda havia mato para ultrapassar antes de se chegar à areia. Para o futuro trapalhão, o caminho até a praia era ainda mais longo. Era necessário ir a pé até o centro da cidade, onde pegava um ônibus até a beira-mar. Com isso, ir à praia não era coisa de todo dia, e sim uma aventura mensal.

Entretanto, a grande diferença em relação aos dias de hoje era a roupa. Não se ia de sunga, biquíni nem saída de praia. Naqueles dias, para falar a verdade, os homens nem sequer andavam pelas ruas de bermuda. Só de calça comprida! Passado o perrengue de sair de calças debaixo de um sol estorricante, caminhar até a parada do ônibus, sacolejar durante o trajeto e depois andar no meio do mato para chegar à praia, ainda era preciso alugar calção de banho. Veja bem: alugar!

Havia uns barracões que ficavam perto da praia. Lá os barraqueiros ferviam os calções depois de usados, botavam para secar e os deixavam prontos para serem alugados por outras pessoas. Depois de se divertir, Renato saía do mar, tirava a areia, vestia a roupa de novo e fazia todo o caminho de volta, a tempo de chegar em casa para o almoço.

CDF (só que não)

Em algum momento de quase todas as entrevistas para este livro, Renato pedia licença para dar um beijo nas filhas, Juliana e Lívian, e na neta, Júlia, que chegavam, em horas distintas, depois de um dia de estudos. Juliana vinha da Faculdade de Psicologia, cheia de tarefas para cumprir em todas as matérias. Já Lívian estava terminando o ensino médio. Júlia encarou o ensino fundamental com muita dedicação, lendo dois livros por semana. Ao ver o empenho de "suas meninas", Renato sorria todo orgulhoso, comemorando a vitória delas num terreno em que ele mesmo se destacou, mas num sentido nada CDF.

Ele reconhece o fato de ter sido um "aluno cobra". "Esse é o termo que se usava na minha época para definir quem passa de ano se arrastando", brinca Renato, admitindo que nas ciências exatas era um excelente comunicador.

Física e matemática eram um sufoco para ele em seus dias de estudante, ao contrário do que ocorria com o irmão Paulo, hoje seu braço

Renato (atrás, na ponta direita) com os amigos do ginasial: Newdson, Maurício Carvalho, Zé Wilson e Célio, em 1948.

Renato aos 14 anos, em traje de gala, para a formatura do ginasial no Colégio Lourenço Filho, em Fortaleza.

direito na RA, que se revelou um ás nas contas (além de arranhar as canções de Silvio Caldas como ninguém). Renato era bom, mas bom mesmo, em língua portuguesa. Não por acaso escolheu a Faculdade de Direito, onde o domínio do vernáculo se fazia (e se faz) obrigatório até hoje. E ler sempre foi um esporte que ele praticou - e pratica - com gosto, indo dos irmãos Grimm a Oscar Wilde, passando pelo tijolão *Vida de Chaplin*, a biografia do seu ídolo escrita por Georges Sadoul.

Na época de menino, sua mãe, Dona Dinorá, que ensinava as primeiras letras nos fundos de casa, um dia passou o bastão da docência para a filha Mariete, que chegou a ser professora do irmão, o que não lhe garantia nenhum alívio. "Ela não me dava colher de chá", lembra Renato. "Era severa, mas amorosa."

O soldado que nem a família queria e o segundo-tenente apaixonado

Dizer que a época de formação militar no Centro de Preparação de Oficiais da Reserva (CPOR), em Fortaleza, foi importante para Renato Aragão seria minimizar essa fase da vida do trapalhão. As lições foram das mais variadas e o acompanham até os dias atuais. As amizades, a disciplina, o treinamento... Os dias de caserna serviram até mesmo de inspiração para momentos e episódios de *Os Trapalhões*. O número 49, que identificava o soldado Didi no quadro originalmente chamado "Os legionários" (para driblar a censura do regime militar pós-1964), veio do seu registro oficial no CPOR.

Foi lá, por exemplo, que Renato aprendeu a atirar. E fazia isso muito bem! Outra coisa que alegrava o irrequieto trapalhão era a possibilidade de se manter em forma com as corridas e outras atividades físicas. Sua preferida, entretanto, era pouco usual. Numa roda de cadetes, com ele ao centro, Renato corria em direção a um colega, que lhe dava o apoio para o pé (o famoso pezinho), saltava e fazia uma cambalhota, caindo depois em pé.

Armando Praça, colega de tantas aventuras, também estava no CPOR. Mas um dos personagens dessa época mais presentes nas lembranças de Renato é um soldado que, embora não fosse má pessoa, era muito chato, tão chato que foi colocado nas Forças Armadas pelo irmão para deixar de ser chato.

Esse sujeito, cujo nome o trapalhão vai preservar, não só não recebia soldo como a família ainda pagava por todos os gastos que dava ao

Na formatura do CPOR: o aluno 49 passa a ser aspirante a oficial do Exército.

Exército. Tudo para tentar "endireitar" o menino. E, já que o nome dele não será informado, não nos resta senão revelar o apelido que recebeu de toda a companhia: S. M.!

Com todo esse "amor", claro que S. M. implicava com os recrutas. E, por uma justiça quase divina, caiu no pelotão A, o mesmo de Renato. Pior ainda, era responsável em dia de treinamento por comandar o pelotão. Certa vez, todos estavam no refeitório comendo mangas e S. M. começou a provocar um colega de Didi:

– Ei, você aí, não faça mais isso!

Ele implicava com os outros por qualquer coisa. Aí, é claro, o "Didi" que já habitava Renato viu a injustiça e não aguentou. "Sem querer", a manga saiu do pé do ouvido de Renato e se estatelou nas costas do S. M. Ele ainda deu meio passo adiante, depois virou-se e encarou o futuro trapalhão.

– Foi você, 49? Foi você que fez isso? – Ao não receber resposta, continuou: – Foi sim, eu vi daqui!

– Viu nada, como é que fui eu se minha manga tá aqui, ó!

Com a negativa de Renato, que tinha guardado outra manga na mão para se livrar da culpa, o responsável pelo pelotão A ficou sem jeito.

– Ah, mas eu vou anotar assim mesmo! – ameaçou.

Se recebesse uma anotação no livro, Renato iria preso.

– Ah, é? Tu anotou? Não fui eu, mas não tira, não!

E Renato arremessou a outra manga, que estourou, barulhenta, no peito de S. M. Aí não teve jeito: todo mundo atirou as mangas em cima do comandante! Parecia cena de comédia-pastelão. Na parede ficou só o contorno da silhueta dele. O resto? Tudo era manga!

E o resultado deu pano pra manga: uma semana de cadeia pro 49!

Durante o segundo ano do CPOR, havia um dia especial, em que era realizado um treinamento no 23º Batalhão de Caçadores. Era um destacamento militar muito importante. Contingente, área, oficiais, todos esses números eram grandiosos. Nesse treinamento, o aluno do CPOR veria como se faziam as coisas num quartel grande, acompanhando o oficial de dia e compartilhando a responsabilidade por todo o local, inclusive no período noturno.

Para Renato, uma das maiores alegrias no dia do treinamento foi entrar no restaurante e almoçar com os oficiais. Ali estavam majores, coronéis, gente graduada e respeitada. E oficial é assim: "Ele é nosso, é oficial. Não é soldado."

No meio deles estava o oficial de dia Aragão, ciceroneado por um segundo-tenente que também vai ficar anônimo. Este era gente boa, bom de papo. A certa altura, já à tardinha, o rapaz fala para Renato: "Aragão, é o seguinte, eu tô apaixonado." E desatou a falar da noiva. E não parava mais.

Depois que anoitecia, não ficava muita gente no quartel. Só o contingente: o sargento, um cabo e sete soldados, todos armados de fuzil, para tomar conta do perímetro. Era o Corpo da Guarda. Tinha o sentinela, que montava guarda por seis horas, depois vinha outro para substituí-lo. E o segundo-tenente, apaixonado, sem parar de falar da noiva. Renato, enquanto ouvia aquele papo, começou a ficar preocupado. E não deu outra.

"Aragão, é o seguinte, cara, eu vou te deixar aqui e vou até a casa dela!" Renato até queria dizer para ele: "Faz isso não, cara..." Mas o outro era oficial, né? Bem, sobrou para o menino do CPOR ficar ali, acordado no plantão. No princípio tudo correu bem, com o sargento até chamando de tenente o futuro trapalhão: "Tenente, eu tô ali, no Corpo da Guarda!" e tal.

Renato foi até a sala dos oficiais. De repente, apareceu uma patrulha do Exército que fazia a ronda na cidade de Fortaleza. Eles tinham prendido uma gangue conhecida no Ceará como "Rabo de Burro". Era uma turma de mauricinhos, filhinhos de papai, que a patrulha detivera, lá pelas dez da noite, por ter vaiado o carro militar quando este passava. Renato conhecia de vista os quatro presos. Aí o responsável pela ronda disse:

– Ó, encana eles aí. Vaiaram a gente. Só solta quando os responsáveis aparecerem aqui!

Renato virou para os detidos e perguntou:

– Rapaz, que merda vocês fizeram?

E um deles respondeu:

– Mas eu vou ficar preso?

Mesmo sendo conhecidos do trapalhão, que naquela hora era o responsável pelo quartel, só havia uma resposta possível:

– Ah, vai.

E apareceu o sargento:

– Aragão, é tudo maior de idade. Posso levar lá pra jaula?

– Não, sargento, vou conversar com eles aqui, qualquer coisa eu chamo!

– Pois não, senhor!

Renato então voltou a perguntar, com calma, o que haviam feito. E eles vieram com uma história bem diferente daquela contada pelos militares. Enfim, a bomba estava na mão de Renato, e o sargento volta e meia vinha de novo:

– Então, pode levar?

Enrolando para tudo que é lado, Renato ficou de meia-noite às seis da manhã conversando com os rapazes, até a chegada do major, lá pelas cinco e meia, para trocar de roupa e iniciar o expediente. Hora da conversa:

– Major, essa gente aqui na outra sala, aconteceu isso, isso, isso e tal...

– Manda eles entrarem aqui.

Aí a cobra fumou! Foi um esporro certeiro o que o major deu nos caras. Eles só saíram quando os pais chegaram para buscá-los.

O aluno do CPOR estava crente que iria ter uma noite tranquila. Audácia da pilombeta! Ah, por falar em pilombeta, até hoje Renato não sabe se o segundo-tenente apaixonado realmente se casou com a noiva.

Trapalhadas na "guerra" do CPOR

Um dos momentos mais tensos do tempo que Renato passou no CPOR ocorreu quando foi designado responsável por um pelotão de cinco pessoas que precisava se orientar na mata densa usando apenas uma bússola. Num exercício de guerra, o pelotão recebeu ordem de espionar um esquadrão inimigo num lugar chamado Serrote das Pulgas. O pelotão comandado por Renato precisava descobrir onde estava o inimigo, marcar sua presença no território reconhecido e partir de lá antes do início de uma simulação de batalha, que começaria exatamente às 19 horas. Em tais missões de reconhecimento, avançando por território hostil para avaliar o estado do terreno, a quantidade de inimigos, tudo é uma incógnita. E ainda é preciso voltar ao posto de comando do grupo para transmitir a exata localização dos oponentes sem dar um único tiro de festim. Além dessa tendência suicida da infantaria, havia ainda o desgaste de cada missão. Eram horas, às vezes dias, sem dormir, carregando o peso de armas e mochilas.

Após várias horas de caminhada, o pelotão chegou a um local de onde se avistavam umas ilhotas, bem no ponto que seria alvo do ataque. O cenário era paradisíaco: praia, areia branquinha, brisa do mar. Todos estavam exaustos e mal se lembravam da última vez que haviam comido. Em consequência, não demorou para que caíssem no sono.

Dessa vez, o anjo da guarda de Renato, uma constante na sua vida, assumiu a figura de um sapo. O batráquio chegou tão perto do seu rosto que ele acordou, olhou o relógio e se assustou: faltavam apenas três minutos para as sete da noite!

Nem nos quadros mais briguentos dos Trapalhões ele se recorda de ter dado tantos chutes na bunda quanto deu nessa ocasião, acordando todos aos gritos: "Vamos, acorda! Vai cair bomba aqui!" E a tropa, sonolenta, nada de se mexer rápido. Foi uma aflição nos minutos que antecederam a explosão da primeira bomba. Felizmente, deu tempo de todos ficarem fora de alcance.

Já em segurança, coube a Renato, como comandante do pelotão, dar um grande esporro em todos: "Eu sou responsável por vocês! O Exército não ia ter nada a ver com isso. Ninguém tinha obrigação de avisar mais nada para a gente. Isso aqui é como se estivéssemos numa guerra! Ninguém tá brincando aqui!"

Mas o exercício estava longe de acabar. Ainda era preciso seguir em frente e descobrir onde estava o inimigo. Então o pelotão pegou a estrada e pouco adiante encontrou um casebre solitário com um cabo estranho saindo da cabana. Havia algo diferente ali e estava na hora de conhecer os moradores do lugar.

O pelotão se aproximou da casa, Renato bateu na porta e quis saber o motivo de toda aquela fiação. Assustado, o morador hesitou mas acabou revelando tudo: "Foram os colegas de vocês que colocaram aí."

Renato na formatura dos aspirantes a oficial do Exército, em Fortaleza, 1955.

Eram os inimigos que Renato precisava encontrar! Aproveitando a boa vontade do caboclo, Renato descobriu onde eles estavam e bolou uma maneira de se infiltrar no acampamento adversário. Tiraram as botas para não fazer barulho, seguiram em direção a uma pequena capela e... esbarraram num sentinela adormecido, com o fuzil entre os braços. Acordando de repente, o soldado acabou disparando a arma e chamou a atenção de todos. Descoberto, Renato bradou em alto e bom som, criando assim um de seus inúmeros bordões para o quadro do Sargento Pincel: "Rapazes, cheguei!"

Mas, apesar desse "momento Didi", aquilo não era brincadeira. Descoberto, Renato ainda precisava voltar para seu grupo e informar a localização do inimigo. Para colocar mais lenha na fogueira, o major, que era neutro nessa guerra de mentirinha, foi "muy amigo" do trapalhão: "Quem pegar o Aragão, o 49, vai ter não sei quantos dias de folga!"

Aí não teve jeito: só lhe restou sair de lá a toda. E, como estava descalço, não foi nada confortável. Por outro lado, o fato de estar desarmado era uma vantagem. Os inimigos tinham de carregar os pesados rifles. Só que eles eram muitos. A solução foi se camuflar no meio do mato e esperar o tempo passar. Será que veio daí o "Humm... esse camufla!", bordão com que tanto perturbava o Dedé anos depois?

Renato e mais alguns passaram a noite na mata, com frio e descalços. De manhã, esgueirando-se por entre as árvores, ainda conseguindo se manter escondidos, eles viram preocupados uma patrulha se aproximar. Quando passou o último homem, sentiram alívio. Mas, assim como nos filmes de guerra, um retardatário voltou para mais uma olhadinha. Renato, com a verve de quem queria se manter vivo na "guerra", gritou para seus comandados: "Pega esse!" O pelotão cumpriu a ordem do comandante e agarrou o soldado. Aí veio a boa descoberta: ele era do mesmo lado de Renato. "Poxa, que susto danado vocês me deram!" O cara perguntou: "E aí, Aragão, como é que foi lá?" Renato ainda insistiu para que voltassem, mas ele disse que não precisava. Só aí é que puderam dormir. E dormiram o dia todo. O trapalhão cumpriu sua missão. E, de quebra, criou um bordão.

Primeira mulher

O primeiro grande amor de Renato apareceu em sua vida durante uma visita a Sobral, em suas férias escolares, quando ele foi matar saudades dos parentes e amigos de infância. Lá, em sua cidade natal, ele viu pela primeira vez o rosto que o acompanharia durante três décadas: o rosto de Marta Rangel, que viria a ser sua primeira namorada e primeira esposa.

Marta Rangel com os filhos Ricardo, de 3 anos, e Paulo, de 5, em 1965.

Os dois se conheceram bem jovens, em 1957. Renato já morava em Fortaleza. Eles se casaram no momento em que o futuro trapalhão se preparava para uma carreira como advogado e bancário. A união foi celebrada em 12 de janeiro de 1959, um dia antes do aniversário de Renato. Numa entrevista dos anos 1980, ele afirma que, se pudesse definir o lugar de Marta em sua vida, "a melhor forma de fazê-lo seria dizer que ela é uma guerreira, que me ajudou em tudo, que topou largar a carreira como funcionária pública para levar uma vida ao meu lado, criando os filhos que tivemos".

Marta e Renato tiveram quatro filhos no período em que viveram casados (de 1959 a 1991): Paulo (1960), Ricardo (1962), Renato Jr. (1967) e Juliana (1977). E, enquanto esteve a seu lado, ela foi uma parceira fiel, ajudando-o a construir um futuro estável para sua prole. Depois que se separaram, ela foi viver nos Estados Unidos, onde voltou a se casar.

Família é tudo que importa

Renato sempre considerou a família como sua principal referência. Ao longo de toda a sua vida teve apenas dois relacionamentos. Primeiro com Marta e depois com Lilian, sua atual companheira, com quem teve a caçula Lívian.

Foi um pai presente. Mesmo mergulhado na produção de um programa de TV semanal e de quase dois filmes para o cinema por ano, o trapalhão nunca se atrapalhou para cuidar dos filhos.

Ser pai, para Renato, é nada mais, nada menos do que seguir o ciclo da vida. Mesmo assim, ele relembra que, quando veio o primeiro filho, Paulo, sentiu uma responsabilidade maior. Dali para a frente ele passaria a ser responsável não por duas, mas por três pessoas.

Da esquerda para a direita, os irmãos José, Paulo, Jesuíno e Renato, com os pais ao centro.

Renato e a mulher, Lilian (sentada à esquerda), com os filhos, as noras e os netos, no Dia dos Pais, em 2009.

Pragmático e focado em seus objetivos, sabia que a vida corrida não lhe permitiria tempo para debates conceituais sobre a paternidade. O ritmo do futuro trapalhão quando estava ainda no Ceará era frenético: havia a faculdade, o trabalho no Banco do Nordeste e, claro, a sua atuação na televisão. Ainda assim, sabia trocar fraldas, dar banho e mamadeira, fazer tudo que era necessário. Mas também é verdade que o tempo não lhe permitia dar toda a atenção que desejava ao seu primogênito.

A angústia por conta de tantos afazeres até hoje gera em Renato pesadelos que o levam de volta àquela época e o fazem acordar acreditando que não conseguiu se formar na faculdade, ou que deixou de entregar um relatório importante para o diretor do banco, ou até mesmo que esqueceu de redigir o texto de um dos quadros do programa *Vídeo alegre*, em que o seu personagem Didi apareceu pela primeira vez, na TV Ceará.

A vida por um fio

Uma das coisas de que Renato não gosta é voltar de um lugar antes da hora combinada. Talvez esse desconforto tenha começado por conta daquele que é o momento mais traumático da vida do trapalhão: um desastre aéreo do qual se safou, ao lado do amigo Armando Praça.

Eram os tempos da Faculdade de Direito, ainda em Fortaleza. Bom de bola, Renato fazia parte do time de futebol da instituição, que seguiu rumo a Belo Horizonte para disputar os XIV Jogos Universitários Brasileiros, em 1958.

O time do trapalhão não teve muita sorte no chaveamento e pegou logo de cara a equipe do Rio de Janeiro, uma das favoritas da competição. Resultado: derrota e desclassificação do torneio. Praça, também parceiro de Renato no CPOR, jogava no time de basquete da universidade, que também foi desclassificado logo no início.

Diante disso, os dois amigos acharam por bem retornar a Fortaleza, a fim de evitar mais gastos com hospedagem e alimentação. Decidiram, então, pedir dispensa e pegaram o voo 652, um avião Curtiss C-46 Commando do Lóide Aéreo Nacional, na escala recifense da aeronave que, partindo do Rio de Janeiro, já tendo pousado em Vitória, Ilhéus, Salvador, Aracaju e Maceió, ainda faria escala em Natal e Campina Grande antes de chegar à capital cearense.

Na noite de 5 de setembro de 1958, o Curtiss Commando prefixo PP-LDX chocou-se com a mata densa da serra do Bodocongó, perto de Campina Grande, na Paraíba. Mesmo hoje, Renato ainda sente no peito o impacto e a dor que quase lhe tiraram a vida. Fala devagar ao lembrar, emocionado, o horror que presenciou naquela noite. Os aviões, na década de 1950, eram bem diferentes dos atuais. Não havia pressurização interna e o barulho na área destinada aos passageiros era algo corriqueiro. Também não era comum que o piloto informasse sobre eventuais problemas durante o voo.

Com a visibilidade prejudicada, o piloto tentou em vão, por algumas vezes, pousar no então Aeródromo de Campina Grande, no estado da Paraíba, onde hoje funciona o Aeroporto Presidente João Suassuna. De repente os passageiros foram avisados que iriam pousar. Só aí veio a ordem para que colocassem os cintos. Antes de repetir a frase por completo, ocorreu o impacto. Era uma noite chuvosa e de céu encoberto quando a aeronave chocou-se contra a mata densa. Uma asa explodiu, a parte dianteira da fuselagem embicou na direção do solo e a cauda se partiu. O avião ficou dividido em três grandes pedaços, num local de difícil acesso.

Impossível dizer quanto tempo Renato levou para recobrar os sentidos. Quando afinal abriu os olhos, estava de ponta-cabeça, preso pelo cinto da poltrona. Mesmo com ferimentos, inclusive na cabeça, teve que se contorcer para sair de onde estava. Após confirmar que se acha-

Destroços do Curtiss C-46 Commando após o acidente na serra do Bodocongó, no estado da Paraíba, em 1958.

va em condições de se mover, a prioridade foi encontrar o amigo Praça. Depois de minutos aflitivos, a emoção do reencontro. Ajoelhados, rezaram, agradecendo a Deus por estarem vivos.

Em volta deles, o horror. Mais de dez passageiros perderam a vida. Muitos ficaram feridos. Alguns foram socorridos pela dupla, que fez o possível para diminuir o sofrimento deles enquanto aguardavam por socorro.

Algum tempo depois, ouviram o barulho de pessoas e seus facões abrindo caminho em direção ao local do acidente. Em meio a esse grupo, havia uma turma (até hoje não identificada) que, em vez de ajudar, chegou com a intenção de saquear os bens dos passageiros e tripulantes.

Revoltado, Praça decidiu encarar os bandidos. Renato o segurou. Resolveram, então, aproveitar a picada aberta na mata para buscar socorro. Andaram muito até encontrar a estrada. Lá toparam com um taxista, com quem negociaram um preço para levá-los diretamente a Fortaleza, sem nem mesmo passarem pelo hospital.

No carro, ouvindo a Rádio Borborema dar notícias sobre o acidente e informar o nome dos desaparecidos, Renato desmaiou. Ao acordar, já nos braços da mãe, ficou sabendo que a pressa causara uma preocupação ainda maior à família. Como foram direto para casa, ninguém no local do acidente soube dar informações sobre ele e o amigo. Oficialmente, nada se sabia sobre ambos.

Das 40 pessoas que estavam no avião, 27 sobreviveram. Dentre elas, graças a Deus, o nosso Renato e seu amigo Praça, parceiro de todas as horas. Inclusive as mais difíceis. Dois anos depois, lá estava Renato novamente a bordo de um avião. Destino: os mesmo jogos universitários, que teriam lugar em Niterói. O medo não iria dominá-lo.

Atualmente, no local exato da queda do avião, existe um oratório e uma cruz onde muitas pessoas rezam e pagam promessas. O local, nas cercanias de Campina Grande, é conhecido como "Capela do Avião".

"O doidão da televisão"

Em meados da década de 1950, Renato conclui o CPOR e entra na Faculdade de Direito, na qual vai se formar em 1961. Não tinha a intenção de estudar Direito para advogar, e sim para facilitar sua ascensão no Banco do Nordeste, para o qual havia entrado, ainda no segundo ano da universidade, ao ser aprovado num concurso público de que participaram quase 2 mil pessoas. Tudo corria bem na vida do trapalhão, que terminou a década de 1950 casado com sua primeira (e única até ali) namorada: Marta Rangel.

No trote da Faculdade de Direito, Renato, com charuto apagado na boca, anda de carroça pelas ruas de Fortaleza, em 1958.

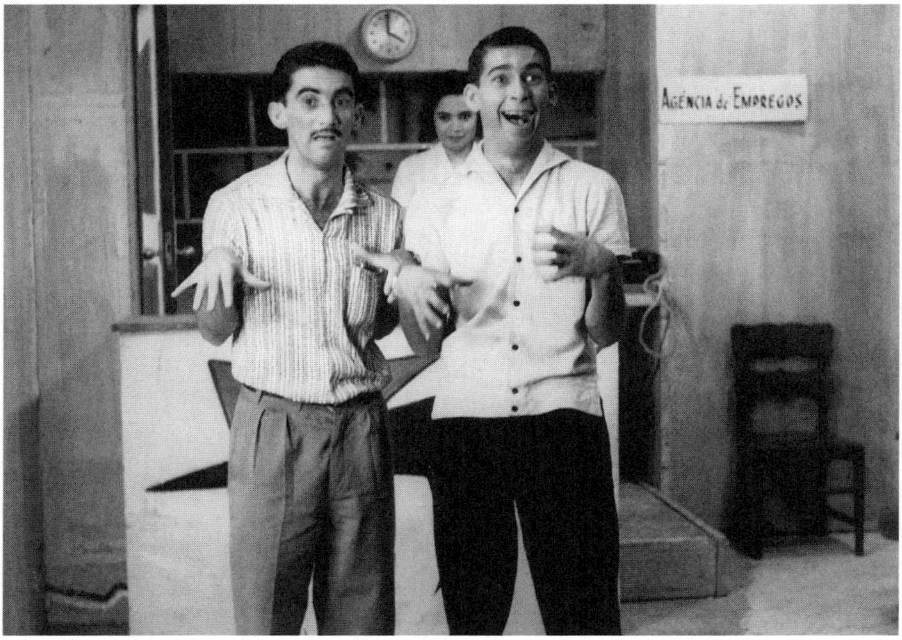

Com Américo Picanço (à direita), primeiro companheiro de trabalho na televisão, em esquete do programa *Vídeo alegre*, na TV Ceará.

Entretanto, a notícia de que o Ceará ganharia uma emissora de televisão mexeu com o futuro trapalhão, que já dava mostras de seu talento em apresentações amadoras no Exército para entreter os colegas ou mesmo no trote universitário em que saiu por Fortaleza vestido apenas com a parte de cima de um smoking e um calção, representando um rico decadente chamado Barnabé. Em meio a esse turbilhão havia também um pouco da lembrança de Oscarito. Renato sempre sonhara em seguir os passos do seu ídolo e um dia fazer cinema. Na televisão, encontraria um canal para escoar sua inquietação.

Em 1960, a TV Ceará anunciou a abertura de vagas para um curso visando os interessados em trabalhar na emissora. A exigência era que os candidatos tivessem experiência em rádio, coisa que faltava a Renato. Mesmo assim, ele se inscreveu no curso e convenceu o então diretor Manuelito Eduardo a aceitá-lo como ouvinte. Deu certo: usando como inspiração textos teatrais de Martins Pena e Oduvaldo Vianna que pegou na Sociedade Brasileira de Autores (SBAT), fez a prova ministrada pelo orientador do curso, o dramaturgo Péricles Leal, autor de textos seminais como *Os homens querem paz* (adaptado pela Globo para o programa *Terça nobre* em 1991). Renato não se sentia apto a passar pelo crivo de Péricles, mas este encontrou no futuro trapalhão tudo aquilo de que precisava: alguém sem os vícios do rádio, cujos textos eram marcados pela influência do cinema (sobretudo as chanchadas). Para a vaga de redator na TV, o exame consistia em um texto adaptado ao perfil de cada aluno. Renato escreveu algo chapliniano, calcado em mímica. Quando saiu o resultado, procurou primeiro seu nome na lista dos reprovados. Não estava lá. Havia passado.

Agora caberia a ele escrever para os grandes atores da emissora, como Emiliano Queiroz, mas a necessidade de criar algo mais pessoal, uma espécie de crônica do cidadão comum, fez com que seu primeiro texto deixasse brotar um sujeito que, dali em diante, acompanharia cada passo seu: um tal de Didi. Pensou na figura do malandro capaz de representar a alma nordestina (qual um herói pícaro) e o nome já lhe veio à cabeça. Dito isso, só ele era capaz de encarnar tal figura, tamanha era a sua intimidade com esse amigo imaginário. E assim, em

DIDI FECHOU A RUA

Um cômico fez, ontem, uma coisa muito séria: parou o trânsito de veículos no centro da cidade. Renato Aragão, um cearense que se projetou no Sul, é o ator principal de "Aladim e a Lâmpada Maravilhosa", desde ontem exibido no São Luis, verdadeiro recorde de bilheteria. Nem mesmo "Anastácia", película que inaugurou o São Luiz, em 1958, e "Marcelino, Pão e Vinho", exibido tempos depois, conseguiram levar tamanha [illegible]

disciplinar as filas, coisa que não conseguiram de todo. Empurrões, crianças caídas, outras chorando e algumas mães arrependidas da idéia de levarem os filhos ao cinema, mas não largando a fila e lutando por um lugarzinho, foram as tônicas da pré-estréia. Viaturas do Batalhão de Trân[illegible] foram chamadas ao [illegible] desobstru[illegible]

A imprensa cearense consagra o fenômeno de público *Aladim e a lâmpada maravilhosa*, em Fortaleza, 1973.

30 de novembro de 1960, na estreia do programa *Vídeo alegre*, ele mesmo foi ao ar. Mas não sozinho. Didi precisava de um parceiro. Outro recém-chegado à TV ficou com o papel: Américo Picanço, que Renato conhecera ali no banco dos novatos da emissora e que, pelo jeitão de corpo cheio de destreza, parecia formar com ele uma dupla ideal. A escolha foi certeira: juntos eles ficaram três anos na TV, até Renato partir para o Rio de Janeiro.

Nesses primórdios da TV Ceará, era muito pequena a quantidade de aparelhos de recepção existentes em Fortaleza. Logo, porém, esse número foi crescendo e a TV se tornando mais popular. Renato ficou temeroso de que a sua atuação como artista cômico na TV pudesse causar problemas no banco, mas o diretor da instituição via com bons olhos o fato de ter um funcionário famoso, embora a "fama" inicial de Renato na TV tenha vindo de forma inusitada. Quando começou a se destacar, ele andava pelas ruas e chamava a atenção. "Olha lá... é o doidão da televisão", diziam, em referência aos esquetes de humor protagonizados por ele e Picanço. O assédio ao "doidão" chegou a tal ponto que Renato não podia mais andar de ônibus. Teve que comprar uma Vespa. Logo depois, veio um carro.

Foi o primeiro gostinho de realização artística. Demorou até Renato acreditar no seu sucesso. A certeza só veio em 1973, por via do cinema, quando a imprensa local publicou uma notícia dizendo "Didi fechou a rua", referindo-se à fila quilométrica de pagantes para vê-lo no filme *Aladim e a lâmpada maravilhosa*.

Sobrenome de respeito

Ao escrever seu primeiro esquete para a TV Ceará, Renato teve a ideia do nome Didi. Ele brinca que seu "amigo imaginário" desses anos todos "baixou" naquele momento, como um anjo de inspiração, tornando-o capaz de todas as peripécias que o tímido caçula da família Aragão jamais poderia realizar. E o nome de seu alter ego também foi escolhido em função da sonoridade.

"Precisava de um pseudônimo bem simples e sonoro, como era, por exemplo, Oscarito, e pintou essa ideia, do nada, como muitas das minhas invenções", conta Renato, refutando o rumor de que o nome de seu mais famoso personagem tenha sido inspirado no apelido do jogador Valdir Pereira (1928-2001), o inventor da "folha seca", conhecido nos gramados como Didi e famoso desde 1944. "Nem sabia direito quem ele era na hora que fui para a TV. Foi uma ideia que me ocorreu de repente mesmo."

Pouco depois de se tornar popular em seu estado, Didi teve que arranjar para si um sobrenome, a fim de atestar sua origem familiar e ser um cidadão – ainda que de mentirinha. Daí veio seu "nome de família", tão surreal quanto seus atos: Mocó Sonrisépio Colesterol Novalgino Mufumbo. Ele passou a ser chamado assim após um esquete apresentado ao vivo no programa *A, E, I, O... Urca*, na TV Tupi, no Rio de Janeiro, na década de 1960. Numa cena, Renato fazia um retirante nordestino que, tentando a sorte na cidade grande, enfrentava uma entrevista para arrumar emprego. Tudo estava sendo feito na hora, no calor da transmissão ao vivo, e eis que o ator no papel do entrevistador resolveu perguntar, improvisando: "Seu Didi, qual é o sobrenome do senhor?" "E agora?", pensou Aragão, matutando uma saída possível, uma vez que tinha sido pego de surpresa. O mais fácil foi dizer o

O trapalhão e o agente secreto de Sua Majestade: Renato recebe do 007 Roger Moore o título de embaixador do Unicef.

que lhe veio à cabeça, tentando fazer graça com a junção de nomes que evocam remédios (Sonrisal e Novalgina), bichos (o mocó é uma espécie de preá) e de planta (mufumbo é um arbusto característico da vegetação do Ceará). Para temperar essa salada, recorreu a um ingrediente das aulas de biologia em Fortaleza: citou um lipídio, o colesterol, já então associado a excessos alimentares.

No que mandou "Meu nome completo é Didi Mocó Sonrisépio Colesterol Novalgino Mufumbo", sentiu a plateia vir abaixo. Dali, o sobrenome pegou. Nacionalmente. Às vezes com uma pequena variação: Sonrisal mesmo no lugar de Sonrisépio. Impossível não rir. No início dos anos 1990, quando o seu amigo, colega do Unicef e eterno 007, o ator inglês Roger Moore (1927-2017), veio ao Brasil, Renato fez uma brincadeira com o som do nome de seu personagem. Enquanto Moore se apresentava, jocoso, dizendo "Meu nome é Bond, James Bond", numa alusão ao espião a serviço de Sua Majestade, Aragão cravava "Meu Nome é Có, Didi Mocó".

Timidez

Apesar de ser um símbolo nacional de alegria, Antonio Renato Aragão sempre se viu como um tímido de carteirinha. Mesmo hoje, já na casa dos 80, embora surpreenda com uma sacada engraçada aqui e acolá, ele passa longe do jeitão palhaço de Didi. Ri com moderação, fala baixinho, põe a educação (no mais alto grau de polidez) na frente de cada gesto e de cada palavra. Nas ruas, quando abordado pelos fãs, esbanja carinho, abraça, tira foto, doando-se com o máximo de lealdade a seu público; lá no fundo, porém, pulsa a timidez, subindo estômago acima. Desde pequeno é assim.

"Eu era tão tímido, na infância e na adolescência, que nem imaginava falar em público. A única vez que consegui fazer isso, antes de o Didi entrar na minha vida, foi quando tive que defender meu trabalho de conclusão na Faculdade de Direito, diante dos demais formandos", lembra Renato. "Estava em frente a uma plateia lotada de estudantes, todos colegas meus. Mesmo assim foi muito difícil. Minha dissertação era sobre a participação do empregado no lucro da empresa e eu tive que me preparar muito, estudando, para poder defendê-la em público. Era uma discussão sobre a importância de os patrões oferecerem uma participação nos ganhos aos funcionários a fim de poderem estimular os trabalhadores."

Há tímidos que se preparam para encarar plateias lendo para o espelho. Renato, não. "Se eu me olhasse no espelho, eu desistia." Nem no trote de que participou na faculdade, à frente de uma charrete que saiu por Fortaleza com ele interpretando o tipo popular do Barnabé, um sujeito rico, porém abilolado, ele se soltou. Precisou de estímulo. "Não sou de beber. No máximo, no máximo, hoje eu tomo um vinhozinho muito de vez em quando. Mas ali, no trote, só deu certo porque

Um ícone do cinema no país, o comediante Oscarito é a grande inspiração de Renato no terreno do humor.

eu estava interpretando um tipo, o Barnabé, e porque me deram umas caipirinhas, uns uísques. Terminei de fogo. Mas quando já estava no primeiro ano da faculdade, participando de trote com os calouros, era um carnaval", conta Renato.

Ele só perdeu esse excesso de timidez quando viu Oscarito no cinema pela primeira vez e se inspirou nele. Aquela foi a sementinha. Na hora de fazer um teste para a TV, a fim de seguir a paixão da sua vida, a inspiração do astro das chanchadas foi seminal para que pudesse atuar.

Perfumes e sons do Ceará

Reza o IBGE que o estado do Ceará, cuja capital é Fortaleza, conta no total com 184 municípios, espalhados por quase 150 mil quilômetros quadrados. Em 2010, sua população era de pouco menos de 8,5 milhões de habitantes, com previsão de passar dos 9 milhões em 2017. Densidade demográfica: aproximadamente 56 pessoas por quilômetro quadrado.

Renato poderia trocar toda essa estatística por cheiros e sons. De um lado, o aroma da galinha ao molho pardo na panela que Dona Dinorá, sua mãe, domava no fogão a lenha. Igualmente forte era o cheirinho de menta entre as poltronas do Cine São João, lá em Sobral, onde acompanhou fascinado o Flash Gordon dando bordoadas no Imperador Ming. O mesmo aroma sentia nas matinês do Cine São Luiz, em Fortaleza. Já as praias do estado deixaram em sua memória olfativa um odor de liberdade oxigenando a maresia.

Os sons... talvez o mais forte fosse o dos acordes de Ray Conniff (já com seu cabelinho à la Príncipe Valente de Hal Foster) tocando "Besame Mucho" nas carrapetas do Baile do CPOR. Pé de valsa, o trapalhão nunca foi, mas era fã dos acordes de Conniff. Ou talvez do som da máquina de escrever de seu pai, espocando versos poéticos a partir de uma cultura autodidata.

Tudo isso é um amálgama de sensações que Renato chama de Ceará, com o perfume de suas raízes, com o perfume de velhos amigos como (o hoje arquiteto) Newdson Bandeira Braga e o parceiro de farda Armando Praça. "Ser cearense é um norte na minha vida, é uma referência de começo, de lar, de mãe zelosa, de pai admirável. O Ceará me vem à cabeça como uma lufada dos ventos alísios do Nordeste, esquentando meu corpo com as lembranças da infância, das lutas, de Fortaleza", lembra Aragão. "O Ceará é o lar que está aqui dentro, onde guardo os amigos de infância e de adolescência, junto com todas as boas memórias do quartel, da estreia na TV. É o princípio do sonho."

Paulo Aragão, que se mudou para Fortaleza com a família quando Renato era ainda criança, confere com orgulho a formatura do filho caçula.

Adeus, Ceará!

Conquistando um lugar na cena carioca: Renato, o terceiro agachado da direita para a esquerda, na foto de final de ano do elenco da TV Excelsior, em 1965.

O sucesso de qualquer sociedade está na
educação dos filhos. Educando-se as crianças,
não será necessário castigar os adultos.

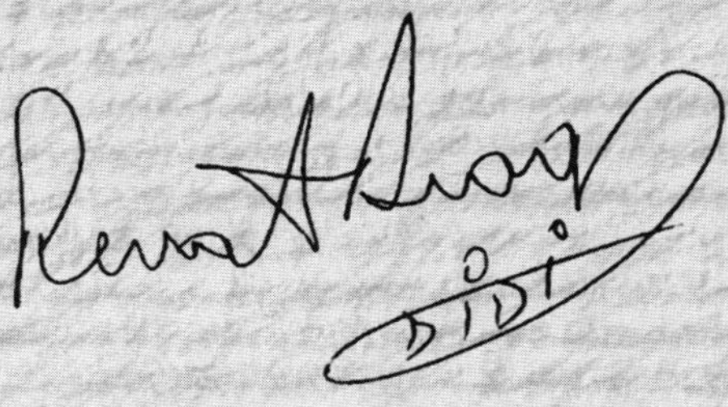

De malas prontas para o Rio

No auge do sucesso do programa *Vídeo alegre*, José de Almeida Castro, o superintendente dos Diários Associados, grupo do qual fazia parte a TV Tupi, passou por Fortaleza e teve a oportunidade de assistir ao trabalho de Renato Aragão. Farejou ali um talento a ser "importado". Não demorou para fazer um convite e o futuro trapalhão, interessado em melhorar de vida, já convencido de que dava para sobreviver como artista, arriscou ir conhecer a Cidade Maravilhosa, para ver se teria chance, mas ciente de que enfrentaria dificuldades. "Aqui no Rio, já naquela época, início dos anos 1960, só o aluguel do meu apartamento era metade do meu salário na TV Ceará", diz.

Na época em que veio ao Rio, antes de assinar qualquer contrato, Renato encontrou um cenário formado por programas como *Moacyr Franco show* e *Noites cariocas*, uma infraestrutura audiovisual industrial e uma forma narrativa bem diferente daquela a que estava acostumado em Fortaleza. Lá, os esquetes tinham enredo, eram historinhas curtas sobre as quais ele tinha absoluto controle autoral. No Rio de Janeiro, o formato narrativo mais parecia rádio televisionado, calcado em piadinhas. "Era um esquema de rádio, no qual o comediante dava dois passinhos e mandava uma piada, dois passinhos e outra piada, e assim ia, num modelo bem diferente do humor físico, mais cinematográfico e chapliniano, que eu fazia lá na TV Ceará", lembra Renato.

Um mês antes de iniciar o trabalho, ele sentou para conversar com o executivo dos Diários Associados. "Falei com o presidente, que era quem mandava em tudo", conta ele. "Na hora em que cheguei pra conversar, tava rolando uma reunião muito brava, mas ele saiu para me atender, mesmo assim."

O papo selaria o futuro do trapalhão.

– Olha, se eu vou sair do Ceará pra vir pra cá, pro Rio, preciso saber quanto vou ganhar – foi logo avisando Renato.

– Você quer ganhar quanto?

– Não sei!

– Então eu vou te pagar tanto... Xis... – propôs o presidente.

Era um bom valor, mas havia outra questão.

– Tem um problema: é que, além da televisão, eu trabalho no Banco do Nordeste. E lá é uma sociedade de economia mista. Ganho bem lá!

Renato achou que isso pudesse atrapalhar as negociações, mas a resposta foi clara:

– Pode vir que eu trago seu emprego pra cá.

Renato ficou em dúvida sobre como o executivo ia fazer aquilo, mas pensou que o tal presidente era conhecido de muita gente, um sujeito político pra caramba. Ia dar um jeito.

– Quem é o seu chefe lá? – perguntou ele.

– Ora – respondeu –, é o presidente do banco, o doutor Raul Barbosa.

– Que tal você trabalhar na agência do Banco do Nordeste aqui no Rio de Janeiro? Tá bom pra você?

Renato sorriu e pensou: "Eu vou ganhar dobrado. Que beleza! Pô, mas vou trabalhar dobrado também." Sem comentar nada, aceitou o trampo. "Mas aí foi o seguinte... foi uma jornada de lutas sem fim", conta.

Depois dessa conversa, Renato pediu a Marta que vendesse tudo no Nordeste e viesse com os filhos encontrá-lo no Rio. Mas a adaptação dele e de seus familiares não foi fácil. Primeiro, pelo alto custo de vida em solo carioca. Depois, pelo preconceito por parte dos colegas de humor: a maioria deles, formada no rádio, considerava um tanto exótico o estilo circense, à la Harold Lloyd, do futuro trapalhão. A crítica também não o recebeu bem, referindo-se ao estilo de Renato como "um humor de sarjeta", demonstrando um preconceito que ele imputava não apenas a seu tom mais popular (varejão) de fazer rir, mas à sua condição de migrante, de nordestino, de forasteiro numa metrópole que estranhava aquele cearense ansioso por um lugar ao sol na mídia. Mas, sempre que era alvo de um ataque desses ou trombava com narizes torcidos, ele dava de ombros, num solene "Tô nem aí", e seguia em frente.

No que chegou ao Rio, Renato foi morar no Flamengo, num apartamento bem pequeno de dois quartos cujo aluguel lhe custava litros de suor. Funcionária pública no Ceará, Marta não tinha como trabalhar no Rio, pois era preciso cuidar das crianças. "O salário mal dava para as despesas, o que tornou aquele período, entre 1963 e 1964, uma época de sufoco", lembra Renato. "Eu tinha a sensação de ser um eterno desconhecido. Ninguém sabia quem eu era nas ruas, mesmo tendo arriscado um quadro aqui, outro ali. Se no Ceará, nas ruas, eu era o 'doidão da televisão', no Rio eu era um anônimo, que podia andar de ônibus pra cima e pra baixo."

Para piorar, o parceiro de Renato nos esquetes, o amigo Américo Picanço, ficara no Ceará. No Rio, ele começou sozinho. A situação só mudaria depois que ele viu Manfried Sant'Anna, o Dedé, fazendo um duo com Terezinha Elisa no *Programa Aérton Perlingeiro*. Mas essa história fica para depois.

Escrever era (e, até hoje, é) parte essencial do processo cômico criativo de Renato. E sua paixão era escrever pequenas histórias em que pontuavam situações estapafúrdias com gags físicas. O problema era encaixar isso na linhagem televisiva do humor carioca do início dos anos 1960. Sentindo-se um peixe fora d'água, mas com contas a pagar em terra firme, o futuro trapalhão precisava de uma ideia que o compatibilizasse com a nova realidade audiovisual. A saída veio do passado: repensando sua história pessoal, ele resgatou um dos momentos mais felizes (e de maior aprendizado) de sua trajetória, o CPOR. Dali veio a solução. A virada de mesa de Renato no Rio se deu com a criação do quadro "Os legionários".

Em 1964, o Brasil vivia sob uma ditadura militar e qualquer sátira ao regime verde-oliva poderia soar como subversão. Mas, quando se transferia a crônica do Brasil militarizado para a Legião Estrangeira, dos franceses, nas areias do Oriente, a questão deixava de incomodar. Além disso, o seu personagem, o Soldado 49, mesmo número de sua matrícula nas Forças Armadas, não estava ligado a nenhuma pretensão revolucionária, e sim à malandragem. Tudo o que o legionário queria era fugir do quartel para correr atrás de mulheres, sombra e água fresca. A identificação com o público foi imediata. E, nessa altura, Dedé e Roberto Guilherme, futuro Sargento Pincel, já estavam com ele.

Fotonovela nas alturas

No início de 1963, logo após chegar ao Rio de Janeiro com a família, Renato recebeu um convite inusitado: protagonizar uma fotonovela. Em geral, esse tipo de narrativa, de grande popularidade na época, puxava mais para o romantismo. Nessa ocasião, porém, queriam algo mais aventuroso, com um toque cômico... e ele se encaixava com perfeição na proposta, mesmo que não tivesse muita familiaridade com o gênero. Hoje o enredo a ser encenado sumiu de sua memória. E tampouco sobrou um exemplar da revista.

Entre os anos 1960 e 1970, as fotonovelas foram uma verdadeira febre, aparecendo em publicações das mais variadas. E havia uma série de revistas só com histórias fotonovelizadas. Uma das mais famosas era a *Grande Hotel*, uma das poucas que Renato conhecia, embora não fosse um leitor do gênero.

Mesmo já tendo feito algumas incursões na telinha, Renato ainda não era tão conhecido em solo carioca quando a revista de fotonovelas convidou-o para uma sessão no Pão de Açúcar. Com ele iriam três pessoas: um fotógrafo, o diretor e um produtor, que fazia as vezes de assistente. Tudo começou com uma excursão pela formação vegetal que circunda a montanha.

Andaram por horas no meio da mata até acharem o caminho. Apaixonado por altura, Renato não esmoreceu diante do esforço de subir pela trilha íngreme e, depois, escalar as rochas. Ao todo, considerando o equipamento pesado que carregavam e a falta de prática dele naquele tipo de formação geológica, a subida durou umas quatro horas. E haja fôlego para tanto... Mas ele aguentou firme. E sem cordas, ganchos ou qualquer outra coisa para facilitar. Renato bem que estranhou que os outros parecessem bastante à vontade, mas seu objetivo era chegar lá em cima, e não avaliar a destreza alheia.

"Na hora, só conseguia reparar nuns aviões, daqueles pequeninhos, tipo teco-teco, que vinham do Aeroporto Santos Dumont e passavam abaixo da gente, bem ao largo, dando a sensação de que a gente estava muito, mas muito no alto", conta Renato. "Aí a gente via quão longe da terra estava, e eu pensava: 'Poxa, eu tô aqui em cima desse negócio, sem nada me segurando.' Quando se chega bem lá em cima, acabam as árvores, onde a gente pode se agarrar, e fica só pedra. Mas a emoção de ver o Rio lá do alto compensa tudo. E tinha o trabalho a ser feito."

Encharcado de suor, ele chegou ao topo, respirou fundo, fez as fotos e só então se deu conta de que havia caído como patinho numa brincadeira da equipe. A facilidade que os outros demonstraram na subida tinha uma explicação: todos contavam com alguma experiência de escalada. "Pô, Renato, você conseguiu, né? Pois a gente queria ver se você aguentava", disseram a ele, que, por dentro, só ia matutando o troco. Terminadas as fotos, chegou a hora de descer, quando teriam de enfrentar de novo horas de muito incômodo e esforço no caminho de volta.

Foi então que o astro da fotonovela pegou todo mundo de surpresa. "Vocês estão rindo aí de mim, né? Tudo bem. Agora, turma, vamos descer daqui do meu jeito: em cima do bondinho!", desafiou. A equipe pensou que aquilo não passava de uma piada, mas não, era pra valer. Renato foi consultar os operadores do bondinho e conseguiu convencê-los a deixá-los descer pendurados do lado de fora, antecipando algo que um dos mais saudosos amigos de nosso astro, o ator Roger Moore, terceiro James Bond do cinema, viria a fazer em *007 contra o foguete da morte* (1979). Quando o fotógrafo se deu conta de que aquilo não era uma brincadeira, ele e os colegas gaguejaram um tal de "Não", "Não-sei-o-quê!", mas, como haviam feito Renato viver uma aventura das boas, não tinham como evitar o desafio e acabaram concordando em segui-lo.

Era o bondinho das antigas, amarelão, bem quadradão na aparência externa, com cabos sujos de graxa. Eles desceram em cima do bondinho, agarrados a maçanetas e vãos de apoio. Os gringos que estavam dentro do veículo olhavam incrédulos para Renato e os demais ali pendurados, sem entender nada. Pensaram que era alguma filmagem. Se fosse um filme, seria uma traquinagem do Didi. Mas era apenas uma aventura do Renato, que não só não teve medo de cair como, tempos depois, em segredo, voltou lá e repetiu a dose, em nome da adrenalina. Dessa vez sem fotonovela.

Filho de peixe

Já instalado na Cidade Maravilhosa, buscando se integrar à paisagem à sua volta, em meio aos compromissos profissionais que se multiplicavam, Renato lembrou que também era filho de Deus e resolveu curtir uma das maiores atrações cariocas: a praia. Como morava no Flamengo, tirou uma manhã para dar um mergulho e curtir seu lado pai com o pequeno Paulinho. Saíram os dois, ele e o menino, paramentados, rumo à praia do Flamengo, ali perto. Meticuloso, Renato carregava toalha, brinquedos, roupas de criança. Tudo para um passeio perfeito. Enquanto ajeitava a tralha na areia e estendia a toalha, o pequeno Paulo seguia os passos do pai e dava uma de Didi: fazendo uma trapalhada, mas inconsciente, coisa de criança inocente. Atraído pelo barulho das ondas, ele deu as costas para o pai e saiu, intrépido, para explorar a praia.

Para Renato, tudo estava na mais absoluta ordem até virar e perceber: "Ih! Cadê o meu garoto?" Aí bateu o desespero. E também a angústia: foi um tal de revirar areia, revirar toalha, olhar para um lado, olhar para outro, coçar a cabeça, gritar pelo menino. Tanto nervosismo logo atraiu a atenção dos curiosos.

– Moço, o que houve? – acudiu uma banhista.

– Meu filho tava aqui ainda há pouco e... sumiu – desabafou Renato.

Começou a juntar gente: uns ajudando, outros só assuntando. Renato ia e vinha da areia para o mar, para conferir se Paulinho não estaria pela beiradinha da água, coberto de areia, como bife à milanesa. A aflição cada vez maior deu lugar à reza e, depois, a um pedido aos Céus, em forma de promessa: "Meu Pai do Céu, se encontrar esse menino, vou subir até a igreja da Penha, degrau por degrau, levando meu menino nas costas, em gratidão à graça de o Senhor me ajudar a encontrá-lo."

Como sua fé é grande, Renato nem precisou chegar ao fim da prece. Bastou dizer que levaria Paulinho nas costas Penha acima para que o menino aparecesse, pelas mãos de uma jovem, que encontrou o moleque dando sopa pela praia e chorando. Ao revê-lo, Renato era só alegria, traduzida num abraço apertado, enquanto Paulo, aos prantos, dizia "Pai, eu 'se' perdi". Mas naquele abraço de reencontro, cercado pelo alívio generalizado, havia também certa preocupação, afinal, promessa para Renato é dívida. E não parecia fácil dar conta do prometido. Mas o Espírito Santo haveria de ajudar.

O problema estava na agenda de trabalho de Renato, bem carregada naquela época. O tempo foi passando, passando, e Renato se culpando de não ter arrumado tempo para pagar a promessa. E quanto mais protelava, mais Paulo crescia... e engordava.

Um ano depois, Renato afinal deu um basta nos adiamentos e tomou o rumo da Penha, com Paulo do lado. O combinado era subir os 382 degraus com o menino no lombo. O dito foi feito: Renato botou Paulinho na "carcunda" e foi subindo, degrau por degrau. No começo até que foi fácil, pois seu pique de atleta ajudava. Lá pela metade do trajeto, contudo, o peso do menino (então com 3 aninhos) se fez sentir. Nos últimos degraus, Renato não aguentava mais e foi desfalecendo, sem sentir mais as pernas, tamanho era o fardo daquele corpinho elétrico em suas costas. À beira da exaustão, seguiu em frente, fazendo da crença no Altíssimo um combustível e tanto. Na hora de descer... bom... aí seria mais fácil, uma vez que todo santo ajuda. Melhor ainda, pelo combinado, só na ida havia prometido carregar o garoto.

A igreja da Penha, com seus 382 degraus: Renato subiu a escadaria com o filho nas costas para pagar uma promessa.

Peripécias num fusca azul

Depois de um ano de batalha no Rio, lutando para se fazer respeitar numa sociedade ainda muito preconceituosa em relação ao humor da TV, Renato conseguiu a duras penas comprar um carro, um Fusca azul, no qual realizou uma experiência de imersão na geografia carioca. Como o fato de ser um cearense de Sobral fazia dele um "alienígena" na Cidade Maravilhosa, a forma mais fácil de encurtar a distância física entre ele e a metrópole que adotou seria desbravar de carro esse admirável mundo novo. Para isso, em tempos sem Waze ou GPS, nada mais útil do que um *Guia Rex*.

A aventura começou assim: cada dia, Renato escolhia uma região da Zona Sul, onde morava. Para tanto, selecionava uma letra – como C de Copacabana ou I de Ipanema – e passava a estudar a malha de ruas daquele bairro. Era o que ele chamava de "processo mnemônico", uma estratégia de memorização das paisagens urbanas pelas quais circulava.

Um dia ele percorria Botafogo até passar o túnel que liga o bairro a Copacabana. O passeio seguinte, sempre solitário, era dedicado à Princesinha do Mar. Noutra ocasião aventurava-se pelo Arpoador, cujas dunas eram muito frequentadas por artistas. Teve ainda a vez do Leme, onde soube que havia uma espécie de QG informal da inteligência artística do Rio: o restaurante La Fiorentina, que mais tarde viria a frequentar. E assim foi, até o Leblon.

O método que lhe serviu para o reconhecimento da Zona Sul funcionou também para a Zona Norte, pois era importante conhecer todos os extremos do Rio. "Com o *Guia Rex*, eu não errava nada", gaba-se Renato com orgulho.

E olha a audácia da pilombeta: lá se foi ele subúrbio adentro. Antes, pela lógica da Zona Norte carioca, deu um pulinho na Tijuca. De lá, partiu para o Méier, cujos cinemas – salas de exibição hoje lendárias, como o Cine Para Todos e o Art Palácio Méier – atrairiam filas e filas, dali a alguns anos, para ver os filmes do trapalhão. A última área a explorar foi o bairro de Del Castilho; com isso botou o Rio todo na cabeça. Daquele derradeiro ponto de sua excursão com o fusquinha saiu uma certeza: "Vou morar nesta cidade em definitivo. Pro Ceará agora só volto de férias", disse. E assim foi.

Os adoráveis Trapalhões

Em meados da década de 1960, por conta da guerra pela audiência, as emissoras de TV precisaram criar programas para cativar as gerações mais jovens. A estratégia era simples: utilizar como apresentadores cantores e cantoras da Jovem Guarda.

A TV Record de São Paulo havia estreado o programa *Jovem Guarda* em agosto de 1965, nas tardes de domingo, com Roberto Carlos no comando. Resultado: sucesso absoluto. Claro que a TV Excelsior copiou a fórmula, colocando no mesmo dia e horário um programa apresentado por Wanderley Cardoso. O cantor, que havia bombado nas paradas com a música "O bom rapaz", assumiu o microfone do primeiro programa *Excelsior a go-go* em março de 1966. Logo depois foi substituído por Jerry Adriani e Luiz Aguiar. Os planos para ele eram ainda maiores. A ideia da cúpula da Excelsior era dar para Wanderley e Rosemary, também da Jovem Guarda, a apresentação do programa *Juventude e ternura*. Só que este não decolou, mesmo com a fama dos dois. E então surgiu o problema: o que fazer com Wanderley Cardoso, um famoso astro musical e com o passe preso à emissora?

O diretor Wilton Franco tentou, então, resolver a questão. Pensou primeiro em outro programa. Mas, segundo o livro *Os adoráveis Trapalhões*, de Luís Joly e Paulo Franco, o diretor entendia que um programa com duração de uma hora era longo demais para uma dupla de cantores e apresentadores. Era preciso ampliar o leque de opções. E, talvez, aumentar o número de personagens principais de um programa de TV.

Wilton, então, foi conversar com o humorista Renato Aragão. E a ideia de montar um programa com um quarteto, cada qual com um perfil diferente, foi fechada. O primeiro a ser chamado foi o ca-

O programa *Os adoráveis Trapalhões*, exibido pela TV Excelsior, em 1966 reunia Wanderley Cardoso, Ted Boy Marino, Ivon Curi e Renato Aragão.

labrês Ted Boy Marino (Mário Marino, 1939–2012), um lutador de telecatch que fora criado na Argentina e atuava no programa de luta livre que era exibido pela TV Excelsior. "Ted era bonitão, atlético e a presença dele era uma forma de atrair a moçada", diz Renato. "No set do programa, ele mostrou ser um grande companheiro. No início, era engraçado o modo como falava, por conta do sotaque: era um gringo com um português ainda muito carregado. Mas era uma figura única." O segundo convidado foi o ator, comediante e cantor Ivon Curi (1928–1995). Experiente no rádio, figura respeitada, Ivon seria o elemento de equilíbrio do grupo, que acabou sendo formado, assim, por um galã/cantor, um ator e comediante, um cara bom de briga e um palhaço: Renato, que também ficou responsável pelo texto, juntamente com Emanuel Rodrigues. "O Ivon, que teve experiências no cinema com o Oscarito, tinha uma voz muito bonita e um perfil de liderança", lembra Renato.

Atores escolhidos, faltava, então, o nome da mais nova atração da Excelsior. Depois de muitas sugestões, quase sem querer surgiu o nome *Os adoráveis Trapalhões*. Em setembro de 1966 foi ao ar o primeiro programa, ainda ao vivo. Por duas vezes na semana, às terças no Rio e às quintas em São Paulo, os quatro aprontavam mil peripécias. Em menos de um mês, o programa era sucesso no Rio de Janeiro, em São Paulo, em Pernambuco, na Bahia, em Minas e no Rio Grande do Sul.

Com a grande audiência gerada pela lutas de telecatch, Ted Boy Marino acabou sendo contratado pela Globo e *Os adoráveis Trapalhões* perderam seu primeiro membro original. Wilton Franco foi rápido e, para ocupar o lugar do louríssimo Ted Boy, convidou a louríssima Vanusa, que assumiu o perfil do personagem anterior inclusive nas lutas do quarteto, muito comuns no programa. A bela Vanusa (Vanusa Santos Flores), que também virava fera, ficou conhecida ao se apresentar no programa *Jovem Guarda*, da TV Record, com a música "Pra nunca mais chorar" e rapidamente alcançou as paradas de sucesso. "Ela deu um toque de inteligência e leveza ao nosso programa", elogia Renato. "Tinha muito carisma."

Após a saída de Renato, que foi para a TV Record, o programa acabou. Se, por um lado, o ciclo de *Os adoráveis Trapalhões* tinha se encerrado, por outro lançara a semente da fórmula que, anos depois, iria proporcionar imenso sucesso a Renato e a seus parceiros.

Os "sofisticados" insociáveis

Quando Didi e Dedé entravam ao vivo nos programas da emissora de Paulo Machado de Carvalho, a TV Record de São Paulo, o índice de sucesso era aferido pelo auditório. Os mais queridos eram os mais ovacionados. E, quando entrava a dupla, a plateia aplaudia quase toda de pé. Não havia dúvidas: na opinião popular, o quadro deles era sempre o melhor.

Paulo Machado entendeu o recado: "Quando o Renato entra, eles gritam. Vamos fazer um programa com ele!" O convite foi feito, mas isso significava que absolutamente tudo ficaria sob os cuidados de Renato. "Meu Deus, como é que eu vou fazer? Vou ter que fazer uma historinha, numa sala..."

O trapalhão não sabia quem chamar, pois não conhecia outros atores. Escarafunchando a memória, lembrou-se de um programa do Chico Anysio, na Globo. Era um esquete com os Originais do Samba, com temas sobre negros. Viam-se umas mulatas bonitas. E tinha um tal de Mussum, com uns "zóião" assim, de fundo branco. Pareciam umas pedras de dominó, e o ator meio que gemia: "Oúúúúú!" Era engraçado. E todos riam.

"Dedé, vai buscar esse negão. Eu conheço o empresário dele, é um tal de Corumba. Mas avisa que eu não vou querer desmanchar nada nem tomar o artista dele." Quando Mussum chegou, Renato perguntou:

– Quer trabalhar com a gente?

A reação dele foi a mesma de Dedé:

– Hein? Como?

Preocupado, Renato ainda avisou o novo parceiro:

– Mas tem uma coisa: você não vai deixar os Originais do Samba de jeito nenhum. Você vem fazer biscate aqui comigo. Se quiser, é assim!

Ele ficou preocupado.

– Mas o que é que eu vou fazer? – perguntou.

Renato o tranquilizou:

– Deixa que eu escrevo pra você.

E assim se formou o trio. Renato escrevia todo o programa. Dedé era o parceiro ideal. Mussum entrava em momentos estratégicos, fazia somente piadas na mosca. A questão mais complicada foi mesmo o nome do programa.

Na verdade, Renato chegou para Paulo Machado e explicou: "Eu vou fazer *Os Trapalhões* aqui." Mas o dono da emissora tinha outra visão. Para ele, usar esse nome "queimaria o filme" do programa, pois Renato já tinha feito *Os adoráveis Trapalhões* noutra emissora, a TV Excelsior do Rio.

Não teve jeito: Paulo Machado vetou a escolha e disse claramente para o trapalhão: "Não quero esse nome aqui não. Deixa que a minha equipe cuida disso."

E aí eles botaram *Os insociáveis*. Renato se irritou, pois acreditava que o público do programa não tinha um perfil sofisticado, como o nome dava a entender. Mas resolveu não entrar em embate por causa disso. O importante era que Renato estava fazendo aquilo que sabia fazer e, ainda por cima, com salário fixo.

Os insociáveis era exibido ao vivo, nas quartas-feiras à noite, e tinha três atores fixos: Renato, Dedé e Mussum. De acordo com o roteiro e as necessidades da história, outros atores eram convocados para interpretar mocinhas, vilões, galãs...

Ô, psit!

Nos tempos em que o programa *Os Trapalhões* era feito diante de uma plateia, Didi, sempre que queria debochar do jeito enervado (leia-se afetado) dos parceiros, batia as mãos, soltava os braços no ar, meio que desmunhecando, e cravava, olho no olho do público: "Peruas!" Ninguém conseguia segurar o riso. Não havia criança nem adulto que não embarcasse na troça, reproduzindo esse e outros bordões, como "Ô, psit!", usado para chamar as pessoas. O público também se divertia com a expressão usada por Didi ao atender o telefone: "Arô!"

Quando queria ganhar a adesão dos outros trapalhões ou de alguém cuja simpatia precisava conquistar, o trapalhão virava para a câmera e dizia: "Aguarde e confie." Era só esperar que algum golpe ia ser armado – e ia funcionar – de modo a dar o troco em quem tentava passar a perna nesse herói pícaro do Ceará. Às vezes, expressava essa mesma (auto)confiança ao olhar para o telespectador – a quem falava diretamente, rompendo a quarta parede da ficção: "Ô da poltrona!" – e fazer um gesto característico, autoral: passar a mão em frente da boca e estalar os dedos no ar, como se fosse um beijo solto ao vento, todo pimpão. Esse repertório de bordões, seja em palavras, seja em ações, marca a trajetória de Didi desde *Os adoráveis Trapalhões*.

Como o programa era ao vivo, muita coisa se criava de improviso, na bucha. Um dia, Ivon Curi deixou a peruca cair, por acidente, durante um esquete, para surpresa dos fãs. O incidente clamava por uma gozação. Daí em diante, sempre que farejava uma deixa para o deboche, Renato exclamava "Pelas perucas de Ivon Curi!", como forma de demonstrar espanto.

Por onde passou na TV, Renato criou bordões, por vezes usando expressões previamente existentes como "Som na caixa!" ou "Sabe tudo!".

Às vezes, do nada, aparecia com expressões como "Audácia da pilombeta!". "Não me pergunte de onde tiro isso: quando preciso, a ideia vem", diz Aragão, que celebrizou sinônimos para encrenca ("é fria!"), dinheiro ("bufunfa"), bumbum ("poupança") e mulher ("bicho bom").

Em tempos de menor correção política, Didi brincava com quem tivesse trejeitos mais exagerados, exclamando: "Esse aí camufla! Ele escamoteia!", numa sugestão de que o sujeito fosse homossexual. "Rapaz alegre" ou "santa" também cabiam nessa provocação. Entre neologismos e livres variações, Renato ainda se divertia nas cenas com mágicos ou hipnotizadores, como no filme *Os saltimbancos Trapalhões* (1981), em que diz: "Eu vou popotizar você."

“*Gañamos* da Globo, Renato!”

Com a bênção do roteirista e diretor Mário Wilson, Renato chegou à TV Tupi em 1974 e, pela primeira vez, tinha em suas mãos de roteirista a trupe completa - Didi, Dedé, Mussum e Zacarias - e um programa com o nome que desejava desde anos atrás: *Os Trapalhões*. Foi na própria Tupi que Renato, já há algum tempo à procura de um quarto trapalhão, descobriu Zacarias, que interpretava o garçom Moranguinho no programa *Café sem concerto*. Ele o convidou para se juntar ao trio e logo o grupo estava trabalhando junto.

O desafio era fazer um humorístico de qualidade com duas horas de duração. Ao lado dos também redatores Carlos Alberto de Nóbrega e

Uma das primeiras imagens do quarteto Os Trapalhões, ainda nos tempos da extinta TV Tupi. O programa era um sucesso de audiência aos domingos.

Emanuel Rodrigues, Renato fazia esquetes, musicais, entrevistas, clipes... Foi nesse "desespero" de fazer tudo, tirando leite de pedra, que passou a entrevistar cantores e inserir cacos. Nesse processo, acabou travando novas amizades no meio artístico. Assim, atuou também como apresentador e até um pouco como inventor, ajudando a modernizar a linguagem televisiva.

O esforço criativo deu certo. Os Trapalhões alcançaram enorme sucesso e se tornaram a principal aposta da TV Tupi. Tanto que o programa do grupo foi deslocado, na grade da emissora, para domingo à

O trapalhão em cena na TV Tupi: último cearense do planeta Krypton.

noite, quase no mesmo horário do *Fantástico*, a grande atração da então concorrente Globo.

Mas como se digladiar com a Vênus Platinada na disputa pela audiência se a Tupi passava por grave crise financeira e a Globo tinha capacidade de investimento para realizar as melhores produções nacionais na área televisiva?

A briga pelo público traria grandes surpresas. Houve, inclusive, um momento comicamente inesperado, gerado pelo sotaque único do diretor e escritor Tito di Miglio, autor de *Betão Ronca Ferro*, que havia despontado na direção em *2-5499 Ocupado*, novela realizada pela TV Excelsior em 1963. O argentino, que trabalhava, à época, na TV Tupi, ligou para o trapalhão:

– Renato, você não sabe... *gañamos* da Globo!

Do outro lado da linha, Renato ficou em silêncio, até a ficha cair.

– Como é que é? Faz isso não... Não brinca assim, não!

– *Gañamos*, Renato, *gañamos*! Ficamos meia hora à frente do *Fantástico*!!!

No primeiro programa *Os Trapalhões*, a trupe de Didi passou o *Fantástico* durante surpreendente meia hora. Na outra hora e meia, a Globo teve mais audiência. Os mesmos números de audiência se repetiram no domingo seguinte. Aí veio o terceiro fim de semana: *Os Trapalhões* se manteve à frente durante todo o tempo. Ligou-se o alerta vermelho na emissora mais importante do Brasil. O pequeno Davi, ou melhor, Didi, da TV Tupi, derrubava a gigante Golias Platinada com um golpe certeiro. Estava aberta a temporada de assédio da TV Globo ao programa de Renato. Afinal, se não dá para vencer o inimigo, traga-o para o seu time!

Parabéns pra sua dívida!

Pelos índices de audiência, o público estava mesmo interessado no quarteto humorístico. Então, por meio de seu principal executivo, José Bonifácio de Oliveira Sobrinho, o Boni, a Globo deu uma cartada decisiva para conquistar os Trapalhões, aceitando, sem questionar, as condições impostas por Renato para que seu programa e sua trupe mudassem de emissora. Só que, para o negócio se concretizar, ainda havia um detalhe muito importante: Renato Aragão tinha um contrato com a TV Tupi. De trapalhão, Renato não tem nada – ou melhor, tem tudo, mas, assim como Didi, sabe o que pode acontecer no final.

Certo dia, quando estava fazendo *Os Trapalhões* na Tupi, Renato mandou um dos seus assistentes ir até uma padaria perto dos estúdios comprar um bolo bem grande, com uma vela ainda maior.

Acabado o programa, Renato tomou o rumo do 8º andar, onde ficava Orlando Negrão, o homem forte da TV Tupi. Pediu à secretária do executivo para entrar com o bolo, acompanhado do próprio assistente. Ao entrar, virou para Orlando e gritou: "Parabéns!" Sem entender, o executivo da Tupi perguntou:

– Por quê? Não é meu aniversário.

Era tudo o que Renato queria ouvir.

– Nem meu – disparou. – Mas, olha só, faz um ano que você não me paga.

Era a mais pura verdade. Em meio a uma forte crise financeira, Orlando precisava escolher quem recebia salário e para quem a emissora ficaria devendo. Os Trapalhões, como estavam fazendo sucesso e realizavam shows, além de terem entrado no ritmo do cinema, sempre eram deixados por último. Em consequência, havia um ano que não viam a cor do dinheiro.

Quando chegava a vez de Renato, Orlando dizia que, se lhe pagasse, os carpinteiros e os técnicos ficariam sem receber. Uma chantagem emocional que ele tolerava por já desfrutar de uma situação financeira relativamente confortável. Naquele dia, porém, deixou bem claro que não havia esquecido que a emissora estava em débito com o programa. Então saiu da sala do executivo e o deixou com o bolo.

Assim que o quarteto se mudou para a Globo, o departamento jurídico da TV Tupi acionou Renato. A história do bolo foi a salvação. Algumas pessoas tinham visto quando ele fora entregue no gabinete do diretor e testemunharam a favor de Renato. Quando o juiz perguntou aos advogados da Tupi se eles tinham comprovantes do pagamento dos salários, a coisa pegou. Os ilustres doutores deram uma de Didi ao tentar explicar a situação: "Então, veja bem... as coisas são assim... como são as pessoas, são as criaturas... onde quer que o senhor esteja, você sempre estará lá..." Só enrolando. O juiz, porém, foi enfático: "Não pagaram, não? Chama lá o assistente do senhor Renato! O que o senhor tem a dizer?" E o assistente disse a verdade. Contou que o chefe dele tinha mandado levar um bolo para o doutor Orlando quando sua dívida salarial completou um ano. O desfecho, claro, foi positivo para Renato. Não houve sequer apelação.

O que ninguém sabe é que essa receita do bolo foi dada pelo anjo da guarda de Renato Aragão. O mesmo que apareceu como sapo naquela praia e o acordou para evitar que todo o seu pelotão fosse bombardeado. Anjo da guarda jogador de xadrez, só mesmo para um bom trapalhão.

Os Trapalhões

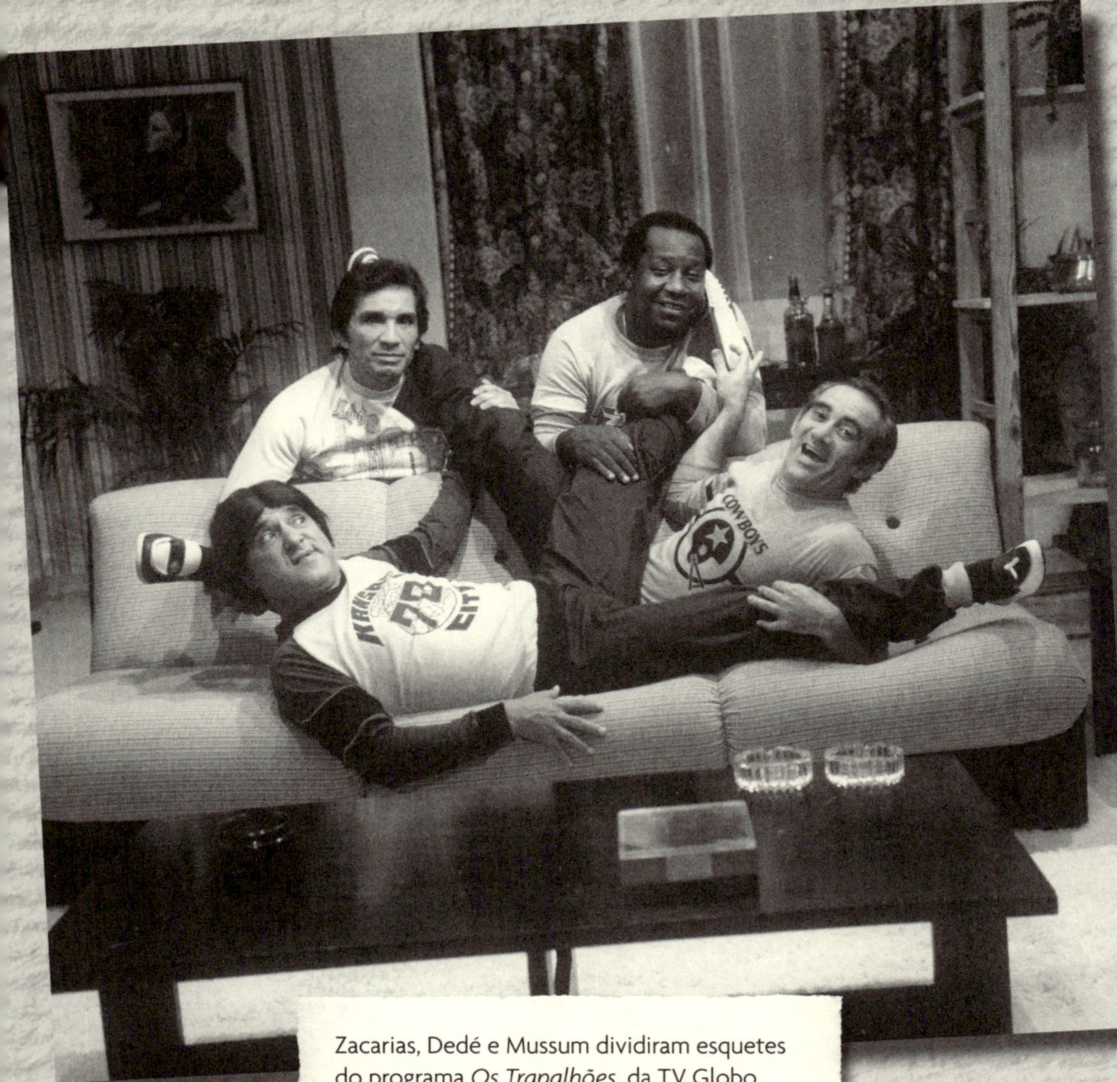

Zacarias, Dedé e Mussum dividiram esquetes do programa *Os Trapalhões*, da TV Globo, com Renato de 1977 a 1990.

– O dia hoje foi bom para você?

– Foi ótimo.

– Mas você não foi muito bom para o dia.

– Por quê?

– Hoje você não riu nem uma vez.

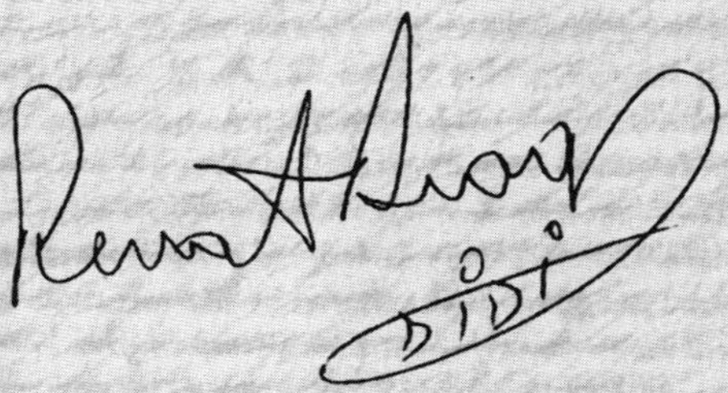

A Vênus Platinada

Foi assim que, no auge do sucesso na Tupi, com Mussum, Zacarias e Dedé tinindo no ar, Renato recebeu um recado, entregue pelo cartunista e executivo da TV Globo Mauro Borja Lopes, mais conhecido como Borjalo (1925-2004), com a mensagem: "Quero conversar com você." O remetente era o todo-poderoso Boni e estávamos no fim de 1976. Aquele recado era um convite, uma proposta de trabalho anunciada. Renato logo começou a pensar no que seria melhor para o grupo e resolveu estabelecer condições (leia-se cachês altos) para levar adiante essa eventual troca de emissora. Preencheu duas páginas com exigências: se Boni não quisesse muito ter *Os Trapalhões* lá, nem ia

Nos anos 1990, com o cineasta Carlos Manga, o então diretor-geral da TV Globo Boni e seu filho, Boninho, hoje diretor de grandes sucessos de audiência da emissora.

Os Trapalhões vestidos de mulher num dos quadros do programa da TV Globo, exibido semanalmente aos domingos antes do *Fantástico*.

levar a sério uma negociação daquelas, quase que feita para ele dizer não. Embora estivessem com os salários atrasados na Tupi, a fama que alcançaram se refletia em encomendas de espetáculos pelo Brasil afora. Na verdade, fazer parte do elenco da TV Globo, à época apelidada de "Vênus Platinada" por seu sucesso e sua qualidade técnica, parecia algo muito distante.

Na Tupi, Renato tinha total liberdade para ser irreverente o quanto quisesse, fiel a uma incorreção política que jamais ofendia a moral dos brasileiros. E era sabido o rigor da Globo em manter o seu famoso padrão de qualidade, algo que o comediante tinha dúvidas de que seria capaz de alcançar. Por isso, na tal lista de reinvindicações, indicava até quem gostaria que escrevesse e dirigisse o programa.

Boni não deu a menor bola para as exigências. Deixou mais do que claro que queria Renato e seus parceiros, pouco importando o

O quarteto mais adorado do Brasil desbrava o espaço, num esquete sobre astronautas atrapalhados.

que isso custasse. Assim, o acordo foi assinado em 1977, descortinando um horizonte promissor. Coube a Augusto César Vannucci a tarefa de dirigir o grupo na casa nova. Renato disse adeus à Tupi e meteu as caras. Como uma espécie de teste de audiência, a Globo resolveu fazer dois especiais com Aragão e parceiros na *Sexta Super*, a faixa de programação das nove da noite, voltada para adultos. Esses (quase) pilotos foram ao ar nos dias 7 de janeiro e 5 de fevereiro, antes da estreia oficial de *Os Trapalhões*. Esta só se daria em março de 1977, antes do *Fantástico*.

"Eu devo muito ao Boni, e não só o fato de ele ter me levado para a Globo, numa época em que a emissora já estava estabelecida como um padrão de excelência nacional, por conta da força de sua teledramaturgia", conta Renato. "Ele sempre me dava palpites de como agir, de como incrementar os esquetes. E me fez enxergar que o segredo de nossa longevidade estaria no equilíbrio das qualidades que cada um de nós trazia para o grupo. O segredo para o quarteto funcionar tão bem lá no Teatro Fênix, como já acontecia, era um não querer ser maior do que outro. Se eu tinha alguma liderança, era apenas porque escrevia os quadros. Mas o nosso peso, em cena, era o mesmo. E lá ficamos, os quatro, até março de 1990, quando Zacarias partiu."

"A" fã

Desde o sucesso de *Os adoráveis Trapalhões*, Renato atraía fãs das mais variadas idades. Certa vez, saindo da gravação de *Os insociáveis*, na TV Record de São Paulo, foi informado pelo funcionário da emissora que havia um grupinho à espera para falar com ele. Era formado por uma garotinha de 6 anos e um menino que aparentava ter uns 10, ambos sob os cuidados de uma mulher.

Quando Renato ia saindo, a senhora disse: "Olha, essa menina é sua fã. Ela tem 6 anos e gostaria de te abraçar." Como na época não existia celular, também não tinha selfie. As pessoas usavam uma máquina fotográfica mesmo. E, para expressar seu carinho pelo ídolo, os fãs o abraçavam, beijavam, gritavam e pediam autógrafo. Renato rabiscou um autógrafo para a menina, levantou-a no ar, deu-lhe um beijinho, e ela ficou feliz da vida. "Ai, meu Deus, só muito, muito depois fui saber que aquela criança era a Lilian, que havia sido levada pela tia para pegar um autógrafo do Didi porque ela só falava nele. O menino era o irmão dela, o Valdo", conta Renato.

Anos depois, Lilian trabalhava com eventos numa associação de funcionários do Banco do Brasil e contratou um show dos Trapalhões. Ela se apresentou a Renato no camarim, contou que era aquela menina de anos antes e entregou-lhe um cartão profissional com seus dados. Renato ficou entusiasmado com a beleza da jovem.

De volta ao Rio, ele passou os documentos da viagem e os cartões de visita que havia recebido à sua secretária, Cátia, que arquivou tudo, menos o cartão de Lilian. Por coincidência ou ação de Cupido, Renato topou de novo com o telefone dela e resolveu ligar. Ao ouvir a voz do humorista, ela não acreditou. Mais surpresa ainda ficou quando ele a convidou para assistir à gravação de um especial de fim de ano na

Eternos namorados: Lilian e Renato selam amor eterno em cerimônia de casamento realizada no Rio de Janeiro, em 1995.

Globo. Ela aceitou e, no dia da gravação, quando estava indo para o auditório, os dois se esbarraram no meio do caminho. Aí os olhares se cruzaram e houve uma reação química: foi amor à primeira vista.

Assim começou uma rotina de telefonemas intermináveis e de encontros breves, ele no Rio de Janeiro e ela em São Paulo. Renato não se lembra ao certo quanto durou o namoro, que começou na época em que Lilian tinha 22 anos. Um dos dois sempre visitava o outro, ficavam indo e vindo. Até o momento em que o trapalhão definiu: "Vem, pega tudo que é teu e vamos morar juntos!"

A decisão foi recebida com muita resistência por parte dos parentes de Lilian. "A menina, caçula e queridinha da família, sair da casa dos pais para se juntar, ou se casar... E, ainda por cima, com alguém de televisão? Até que ela conseguiu dar um jeito e veio morar comigo", conta Renato.

Para muitos, os artistas e famosos passam uma imagem de pessoas volúveis, que pulam de um relacionamento amoroso para outro a cada ano. Mas não era esse o caso do trapalhão. Renato nunca fez o tipo mulherengo. Marta foi sua primeira namorada. E, depois, veio Lilian.

O novo relacionamento deixou evidente o fim do primeiro casamento de Renato. Na época, ele e Marta apenas compartilhavam o mesmo teto. A distância – por conta dos compromissos profissionais do casal – havia esfriado a relação. Assim, aquele ponto final marcou o encerramento de uma história. E o início de outra.

Pouco depois, Marta mudou-se para os Estados Unidos, na companhia da filha Juliana, e lá viria a iniciar um novo relacionamento. A primeira esposa de Renato só voltaria a pisar em terras brasileiras anos após a morte de seu segundo marido. Nesse meio-tempo, Renato ia com frequência aos Estados Unidos para visitar Juliana, enquanto tocava a vida por aqui.

O romance com Lilian virou uma paixão permanente: casados há duas décadas e meia, eles se tratam como eternos namorados, com brincadeirinhas amorosas cheias de ternura e companheirismo.

Arroz de tétis

Renato escrevia todos os textos de Antonio Carlos Bernardes Gomes, o Mussum. Mas a alegria que o mangueirense levava para os Trapalhões era 100% *made in* morro da Cachoeirinha, no bairro de Lins de Vasconcelos, subúrbio do Rio de Janeiro. Desde que entrou para o grupo, na época um trio, Mussum já tinha os trejeitos que o Brasil inteiro conheceu em *Os Trapalhões*: a expressão, o modo de andar. Ao pé enorme, que Renato chamava de lancha, ainda se somava um andar "quinze-para-as-três", como se as pontas dos pés indicassem lados opostos.

A ideia de forçar o término das palavras com "is" foi uma sugestão do mestre Chico Anysio, cearense nascido em Maranguape. Mussum trabalhou com Chico num quadro em que aparecia com o seu grupo, os Originais do Samba. O esquete tinha uma deixa para que ele e os colegas corressem atrás das mulheres que apareciam na cena.

Antes de fazer parte dos Originais do Samba, Mussum foi cabo da Aeronáutica na primeira metade dos anos 1960. Com o conjunto, gravou o sucesso "Tragédia no fundo do mar", conhecido por começar com a frase: "Assassinaram o camarão..."

Aposta de Renato, Mussum deu certo mesmo não sendo ator. O segredo é que era muito engraçado ao vivo. Um dos quadros de *Os insociáveis* marcou época. Ainda galgando espaço, Mussa saía e voltava à cena.

– Cadê o Mussum? – perguntou um dia Dedé.

– Tá fazendo a comida! Tá fazendo o arroz!

– Arroz soltinho?

E Mussum respondeu:

– Não, arroz de tétis!

– De tétis?

– É. Tudo pregado no tétis!

Mussum sorrindo em cena do filme *Os Trapalhões e o Mágico de Oróz*, de 1984.

Roberto Guilherme

Nascido em Ladário, Mato Grosso do Sul, no dia 25 de maio de 1938, Edward Guilherme Nunes da Silva é um ator e humorista brasileiro que ficou conhecido pelo nome artístico de Roberto Guilherme. Se ainda está difícil de reconhecer, basta pensar no Sargento Pincel, personagem do programa *Os Trapalhões* interpretado por ele durante mais de trinta anos. Nesse tempo todo, Pincel aguentou sorrindo as brincadeiras de Didi no quadro em que o trapalhão faz o Soldado 49, mesmo número que o identificava no CPOR, ainda em Fortaleza.

Parceiro de Renato desde 1966, Roberto Guilherme imortalizou-se no coração dos fãs no papel do Sargento Pincel.

Mas a vida artística de Roberto Guilherme, também um paraquedista experiente com mais de 800 saltos, não está ligada apenas ao Sargento Pincel. Em 1965, ele estreou na televisão no programa *A cidade se diverte*, da Excelsior, e no ano seguinte passou a fazer parte do elenco de *Os adoráveis Trapalhões*, na mesma emissora, interpretando os papéis secundários que compunham o universo das histórias vividas por Didi, Dedé e Mussum. Entre 1966 e 1969, Guilherme também participou do programa *Quartel do barulho*, na TV Record. E, em 1972 e 1973, lá estava ele em *Os insociáveis*, novamente na Record. Em 1974, mudou de emissora para acompanhar Renato quando este foi para a Tupi, já levando a tiracolo o Sargento Pincel.

Guilherme também atuou ao lado de dois outros pesos pesados do humor: Jô Soares no *Viva o Gordo*, entre 1981 e 1982, e Chico Anysio, na *Escolinha do Professor Raimundo*, em 1994. Foi quando Renato o chamou para a segunda temporada de *Os Trapalhões em Portugal*, entre 1995 e 1997. Nesse ano, ainda arrumou um tempinho para aparecer em *Caça talentos*, a novelinha infantil protagonizada por Angélica. No seguinte, retomou a parceria com Renato nos programas especiais do trapalhão, que duraram até 1998. A partir daí, firmou-se no *Zorra total*, humorístico da TV Globo. Mas não deixou de atuar em *A turma do Didi*, entre 2010 a 2012, encarnando Pincel e outros personagens.

No cinema, a parceria com Renato também é longeva. Começou com *Dois na lona*, em 1968. Quase cinquenta anos depois, volta com o personagem Barão em *Os saltimbancos Trapalhões: Rumo a Hollywood* (2017). Nesse período, atuou em doze filmes, cinco deles com Renato. E, quando *Os saltimbancos Trapalhões* foi para o teatro, lá estava Roberto Guilherme.

Se ainda restava dúvida, que não haja mais. A identificação de Roberto Guilherme com Pincel é tão grande que ele afirmou, numa entrevista, que membros de sua família o chamavam de "Pinça".

Ih, nojento! Tchan!

Para Renato, Tião Macalé será sempre o quinto trapalhão. Augusto Temístocles da Silva Costa, seu nome de batismo, menino órfão criado pela Irmã Dulce, acabou sendo contratado pelo programa por conta de sua risada característica e pelo indefectível bordão "Ih, nojento! Tchan!". Com o tempo, ele se tornou um dos mais fiéis companheiros de Renato.

Nos bastidores do programa *Os Trapalhões*, o clima de peleja esquentava sempre que havia Fla x Flu. Era seu confronto com Mussum, flamenguista tão convicto quanto Tião em seu amor pelo Fluminense Futebol Clube, o Tricolor das Laranjeiras. As discussões eram acaloradas, mas divertidas. Tião não gostava da torcida do Flamengo, a qual sempre achou muito irritante. Se alguém assobiasse o hino rubro-negro, ele xingava o provocador sem dó nem piedade. Seu famoso bordão era a coisa mais suave que lhe saía da boca nessa hora.

Assíduo frequentador dos estádios, por duas vezes passou mal assistindo aos jogos do Fluminense. Era um entusiasta do futebol e chegou a treinar um time chamado Dínamo, que se reunia na rua Santa Clara, em Copacabana, onde morou por muitos anos.

Na realidade, Tião começou na TV bem antes de Renato. Ainda na década de 1960, atuava junto com Ary Barroso no programa *Show do gongo*, que passava na TV Rio. Era responsável por "gongar" as pessoas, seguindo as ordens de Ary. Depois, foi garoto-propaganda do achocolatado Toddy.

Naquela época, os comerciais eram realizados ao vivo. Certa vez, quando Tião misturou o leite com o achocolatado, percebeu que no fundo do misturador havia ferrugem. Não fugiu da raia. Tomou todo o conteúdo, mas fazendo cara feia. Neide Aparecida, companheira de

Revelação do programa *Show do gongo*, de Ary Barroso, Tião Macalé conquistou o país com sua risada banguela e seu bordão "Ih, nojento! Tchan!".

programa, perguntou: "E aí, Tião, tá bom?" Tião respondeu: "Toddy é gostoso até sem açúcar!"

No final da década de 1980, ficou ainda mais conhecido ao virar garoto-propaganda da rede de supermercados Disco ao lado de sua parceira, a incrível Marina Miranda, com a qual compunha um dos mais hilariantes casais da TV brasileira. Eles fizeram fama passando por situações muito divertidas, fazendo paródias de filmes e anunciando produtos alimentícios.

Em 1992, Tião sofreu um derrame e começou a ter dificuldades para trabalhar. Veio a falecer em São José do Rio Preto em 26 de outubro de 1993, com 66 anos, por conta de uma infecção pulmonar. A ausência desse que foi um de seus melhores amigos deixou uma lacuna insanável no coração do trapalhão.

Didi enfrenta seu eterno vilão, Carlos Kurt (à direita), em cena de *Os Trapalhões*.

Fauna de vilões

Embora tivesse lugar cativo no programa *Os Trapalhões*, Tião Macalé não fez nenhum dos filmes do grupo nem participou de projetos solo de Renato, pois não conseguia decorar os textos. Memorizava apenas falas curtas, que pudesse finalizar com seu bordão "Ih, nojento! Tchan!". Colocá-lo na telona para fazer só uma pontinha não fazia muito sentido para Renato. Entretanto, na longa trajetória cinematográfica do grupo, houve uma figura que quase sempre desempenhou o vilão arquetípico. Estamos falando do ator Carlos Kurt, nascido José Carlos Kunstat (1933-2003), cujas feições germânicas e cara de mau compunham um adversário que deu muito trabalho a Didi nas telas.

"Kurt foi o meu vilão eterno. Assim como o Oscarito tinha o José Lewgoy, eu tinha o Carlos. Para mim, é a comparação mais certa. Ele fez tudo que é vilão meu até morrer. Quando o vi pela primeira vez, gostei muito de sua atuação e intuitivamente enxerguei nele uma figura para desafiar o Didi", diz Renato, que evitou durante anos levar o parceiro Roberto Guilherme para os filmes a fim de preservá-lo na figura do Sargento Pincel. "Ele faz um papel de vilão apenas em *O noviço rebelde*, no qual a proposta era outra... era só o Didi, e não o grupo todo."

Vez por outra, Didi também tinha que enfrentar os personagens rabugentos encarnados pelo ator Felipe Levy (1938-2008), que, por falar francês, ajudou muito o trabalho de Renato na produção de *O rei e os Trapalhões* (1979) no Marrocos.

Ta-na-nan-na-na-nan-nan

Cenas da abertura de *Os Trapalhões*, feita pelo designer Hans Donner para a TV Globo em 1977.

Domingo à noite, entre 1977 e 1993, sempre que uma melodia cujos acordes soavam "Ta-na-nan-na-na-nan-nan" se fazia ouvir na telinha da Rede Globo, batia certa lombeira no público: era o indício incontornável de que o fim de semana chegava ao fim. Quem compôs aquele fraseado melódico foi José Menezes de França, então diretor musical de *Os Trapalhões*, em busca de um tema que embalasse a animação concebida por Hans Donner para servir de abertura ao programa humorístico. Donner fez um desenho animado que mostrava Didi, Dedé, Mussum e Zacarias numa sequência de situações absurdas, nas quais escapavam de ser atropelados por uma locomotiva ou fugiam da perseguição de um tubarão. Eles ainda atravessavam o sertão vestidos de cangaceiros ou subiam a bordo de um navio pirata no qual Didi aparecia como capitão, usando uma perna de pau. Em tempos em que a correção política não amordaçava a liberdade de expressão, nem mesmo quando se visava o público infantil, eles espiavam pela janela uma mulher de biquíni, aproximando-se ao máximo, até verem que não era uma pessoa, e sim uma vaca.

Uma nova técnica de animação foi usada na abertura do programa em 1984: imagens gravadas pelos Trapalhões ganharam aparência de desenho.

Esse desenho permaneceu no ar durante uma década, até que, em 1984, Donner resolveu brincar com uma técnica de animação, a rotoscopia, na qual o movimento real de atores era registrado analogicamente em película e, depois, retrabalhado de modo a adquirir a aparência de figuras desenhadas. Os humoristas gravaram cenas normalmente, mas estas eram "rotoscopadas" e depois coloridas por computador. Marcou época a sequência de ações em que Didi, com o traje listrado de presidiário, fazia embaixadas com uma bola de ferro presa ao tornozelo por uma corrente. Ele dava na bola um chute de bicicleta digno de um Leônidas da Silva e acabava catapultado para fora dos muros da prisão. É um marco da animação brasileira.

Diferentemente de seu xará futebolístico Valdir Pereira, o Didi inventor da "folha seca", Renato penou com a bola até fazer uma "bicicleta" com a elegância requerida pela direção do programa. Teve que repetir a jogada incontáveis vezes, sem dublê, até que o resultado fosse satisfatório.

Com a morte de Zacarias, em março de 1990, o tom de animação com os atores (nos sentidos literal e figurado) da abertura foi deixado de lado. Pela primeira vez desde a estreia, nos anos 1970, os humoristas passaram a não aparecer na vinheta de abertura. As estrelas agora seriam as letras da logomarca do programa, que dançavam na telinha, executando uma espécie de balé, até se unirem e formarem o nome *Os Trapalhões*. Mas a musiquinha que anunciava o final dos domingos, a danada, essa continuou no mesmo lugar.

A separação e o retorno dos Trapalhões

O ano de 1983 foi difícil para os Trapalhões e, sobretudo, para seus fãs. Foi nessa ocasião que ocorreu a separação entre Renato e seus três companheiros, um episódio que muitos, à época, viram como o fim de uma das mais valiosas grifes de nosso audiovisual, além de simbolizar a ruptura de uma bela amizade. Houve uma comoção entre os tietes do quarteto. Muito se especulou, correram muitas histórias que nada tinham de verdade. O que houve de fato, porém, foi mais simples do que se imaginava e em cerca de seis meses a situação estava resolvida. Mas a ruptura assustou muita gente, sendo marcada por uma disputa, em circuito exibidor, entre dois longas-metragens que colocaram Didi de um lado e seus "cãpanheiros" do outro.

O motivo do afastamento foi a criação, no início dos anos 1980, da empresa DeMuZa Produções por Dedé, Mussum e Zacarias com o objetivo de cuidar dos negócios do trio. De olho no êxito comercial, montaram toda uma estrutura, com administradores, advogados, empresário, contadores. Em seguida, resolveram ir mais adiante e tentar uma carreira só dos três no cinema, realizando um filme sem a participação da empresa de Renato.

"A separação não foi por causa de grana. Cada um quis fazer o seu filme. Eu fiz o meu e eles fizeram o deles. Foi só esse o motivo", comentou Renato em uma entrevista ao jornal *Extra!* na qual relembrava o episódio do racha.

Já rompidos na área do cinema, o grupo acabou fraturado também na TV. O programa dos domingos na Globo refletiu a separação, com quadros feitos só por Renato, acompanhado de outros atores (sempre variados) do elenco da emissora. Isso deixou Boni preocupado, de olho num meio de fomentar a conciliação entre eles.

Na tentativa de firmar uma carreira profissional própria, Mussum, Zacarias e Dedé estrelaram o longa *Atrapalhando a Suate*, com o qual pegavam carona na popularidade do seriado americano *S.W.A.T.*, com Robert Urich e Steve Forrest, e também na versão dele para o programa *Os Trapalhões* na TV. Dirigido por Dedé Santana e Victor Lustosa, o filme contava com a presença de Oswaldo Loureiro e do famoso apresentador conhecido como Capitão Asa, personagem de Wilson Viana. Também estava no elenco a atriz Lucinha Lins, que dois anos antes fora a mocinha de *Os saltimbancos Trapalhões* (1981).

O trio adotou uma estratégia de marketing agressiva, investindo muito dinheiro em comerciais de TV, outdoors e anúncios em jornais e revistas. E parte desses recursos foi obtida por meio de empréstimos, pois contavam com o retorno de bilheteria.

O filme foi lançado no Rio de Janeiro e em São Paulo na segunda semana de dezembro de 1983. Portanto, um pouco antes do Natal, no período de férias da criançada. Para os padrões atuais, sua arrecadação – foram cerca de 800 mil ingressos vendidos – seria encarada com sorrisos. No entanto, para os padrões de sucesso com que os três protagonistas estavam acostumados – era uma fase em que os filmes do quarteto atraíam em média 5 milhões de pagantes –, o resultado foi decepcionante. As cifras de bilheteria ficaram muito aquém do que a DeMuZa previa – e precisava.

Do outro lado, Renato, mesmo pego de surpresa pela decisão dos ex-parceiros, tocou sozinho o filme *O trapalhão na arca de Noé*. Aliás, sozinho não. Para escrever o roteiro, contou por um mês com a participação de Carlos Alberto de Nóbrega, filho de Manuel de Nóbrega, do programa humorístico *Praça da Alegria*, e com quem já havia trabalhado anos antes.

Ligeiramente inspirado numa história da Bíblia (a luta de Noé para proteger os animais da Terra), o filme de Renato, lançado no dia 15 de dezembro de 1983, ou seja, no mesmo período, angariou muito mais do que o produzido pela DeMuZa. Com Aragão no papel de Duda,

O trapalhão na arca de Noé – que teve direção de Del Rangel e roteiro assinado por Doc Comparato e Aguinaldo Silva, da TV Globo – ultrapassou a marca de 2,5 milhões de espectadores. Além disso, o filme contava com a presença de Xuxa Meneghel, Sérgio Mallandro e Gracindo Júnior, entre outros.

Com o decepcionante resultado financeiro de *Atrapalhando a Suate*, os ânimos de Dedé, Mussum e Zacarias se arrefeceram. Ao realizarem a experiência de produzir e sentir na pele os riscos e prejuízos, os três se convenceram de que essa empreitada não era nada daquilo que esperavam. Motivos financeiros à parte, a questão principal após a separação era outra: os Trapalhões só eram os Trapalhões quando estavam juntos. E era do interesse do público, dos amigos e da própria Globo que o quarteto voltasse a trabalhar unido.

Nesse processo de retorno, duas pessoas foram cruciais: o empresário João Batista Sérgio Murad (1937-2008), mais conhecido como Beto Carrero, e Boni. Empresário de Renato Aragão, Sérgio Murad – celebrizado no papel do caubói brasileiro que montava seu cavalo à la Tom Mix e estalava seu chicote ao vento – abriu o parque temático de maior sucesso no país, o Beto Carrero World, em 28 de dezembro de 1991, na cidade de Penha, em Santa Catarina. O parque se estende por uma área de 14 mil metros quadrados repleta de atrações, desenvolvidas em parceria com a Dreamworks e a Universal Studios. Tão amigos eram Sérgio Murad e Renato Aragão que o empresário batizou o seu centro de convenções, leituras e eventos de Cine Renato Aragão.

Foi Murad que promoveu a reaproximação do grupo. Conversa vai, conversa vem, quando os quatro se acertaram Renato começava a produzir o filme *Os Trapalhões e o Mágico de Oróz*, feito junto com o talentoso ator paraibano José Dumont. Outro artista que participou do filme, como argumentista ao lado de Renato, foi Arnaud Rodrigues. Ator, cantor e redator, Arnaud fez muito sucesso com o grande público quando interpretou o nordestino Soró na novela *Pão-pão, beijo-beijo*, que foi ao ar em 1983. O personagem caiu no gosto do público. E a popularidade dele na telinha chamou atenção para sua presença na telona.

Renato ambientou o filme em Orós, município cearense onde está o famoso açude do mesmo nome. Na trilha de *Os Trapalhões e o Mágico de Oróz* há músicas da autoria de Arnaud, que chegou a lançar três discos solo, além de um long-play que fez ao lado de Chico Anysio. Apoiado pelo elenco de peso, que ainda teria a presença de Xuxa Meneghel, Renato conseguiu alterar o roteiro para incluir Dedé, Mussum e Zacarias, que têm participação de destaque no ápice da trama, centrada na seca no Nordeste.

Se no cinema o retorno foi em grande estilo, a volta ao programa também aconteceu de forma especial. No dia 25 de março de 1984, um domingo, Chico Anysio adentrou um cenário todo branco, exceto por uma árvore e alguns soldadinhos de chumbo coloridos, para contar a história dos Trapalhões para Simony (da Turma do Balão Mágico), Isabella Bicalho (a Narizinho do *Sítio do Pica-Pau Amarelo*) e Gabriela Bicalho, atriz que fazia parte do elenco da novela *Champagne*. Imagens de arquivo mostravam o começo da carreira do grupo, os sucessos da trupe no cinema e os momentos marcantes na televisão. Em seguida, trajando belos smokings, Renato Aragão, Dedé Santana, Mussum e Zacarias entraram em cena, muito emocionados, para voltar a encantar o público.

O humorista Mauro Gonçalves obteve grande notoriedade pela interpretação do personagem Zacarias em *Os Trapalhões*.

O adeus a Zacarias

Zacarias sempre fez Renato chorar de rir com seu talento cênico para a comédia. Mas houve uma vez em que ele arrancou do colega um pranto que não foi de riso, e sim de dor: foi no dia 18 de março de 1990, um domingo triste demais para ser lembrado. O domingo em que Mauro Faccio Gonçalves se foi... aos 56 anos. Foi um baque do qual o trapalhão nunca se recuperou, pois até hoje ainda dói a saudade do amigo.

Notícias da época contam que, em dezembro de 1989, Zacarias resolveu iniciar um regime à base de remédios. O humorista acabou perdendo 20 quilos, porém, como consequência, seu organismo foi se enfraquecendo e seus pulmões acabaram debilitados. Ficou internado por nove dias na Clínica São Vicente, no Rio de Janeiro, mas não resistiu a uma insuficiência respiratória. Foi enterrado em sua cidade natal, a mineira Sete Lagoas, no Cemitério Parque Santa Helena. Um último filme com ele no elenco ainda chegaria às telas: *Uma escola atrapalhada*, de Del Rangel, lançado em junho de 1990 e visto por 2.571.095 pessoas.

"Foi muito difícil lidar com a perda do Zacarias", confessa Renato, com a voz embargada. "A TV Globo veio nos consultar para ver se considerávamos a hipótese de botar outra pessoa no lugar dele, mas a gente disse que não. Zacarias é insubstituível. Preferimos ficar só nós três, Dedé, eu e Mussum. Eu era o confidente dele. De nós quatro, ele era mais apegado a mim. Era um sujeito muito doce, acima do bem e do mal. Sinto muita saudade, pois ele era aquela criança grande que fazia em cena."

Egresso do teatro, em que chegou a ganhar prêmios por seu desempenho em *A dama do camarote*, em 1970, Mauro Gonçalves é considerado por Renato o trapalhão com maior cabedal nas artes cênicas, não sendo, inicialmente, um comediante. Virou Zacarias, dizem, em referência a um galo desse nome que teve na infância. Mas antes foi Moranguinho, um garçom abilolado no programa *Café sem concerto*, ainda na TV Tupi – papel que despertou a atenção de Renato para a versatilidade do seu talento. E partiu de Renato a sugestão de que ele usasse peruca. "Ele era careca: com a peruca, era mais fácil se parecer com um menininho que não quer crescer", lembra Renato. "Quando ele se foi, a gente pensou até em parar, não apenas pela dificuldade, mas pela ausência que deixou. Mas a vida precisava seguir."

O adeus a Mussum

Após a morte de Zacarias, Renato, Dedé e Mussum continuaram a fazer o programa até 26 de dezembro de 1993, quando o humorístico saiu do ar – o trio decidiu tirar um ano sabático. Cerca de sete meses depois que o programa foi retirado da grade, um novo baque abalou a alegria dos Trapalhões: no dia 29 de julho de 1994, o Brasil perdia Antonio Carlos Bernardes Gomes, o Mussum, em decorrência de problemas cardíacos.

Famoso por bordões como "Cacildis!" e pelo jeitão malandro de sambista da Mangueira, o personagem vivido por Antonio Carlos imortalizou seu criador no coração das crianças de todo o país. Ficou

Antonio Carlos Bernardes Gomes (1941-1994), o Mussum: dos Originais do Samba para o humorístico mais popular entre as crianças do Brasil.

célebre ainda no imaginário de nossa música popular. Como integrante dos Originais do Samba, ele chamou atenção por sua ginga e pelas crônicas sociais bem-humoradas. Gravou hits como "A vizinha (Pega ela, peru!)" e "Alô Judite", com letras de fácil assimilação pelo povão. Seus trejeitos atabalhoados e o chapeuzinho colorido ajudavam a compor um tipo inesquecível. Para Renato, além de um amigo insubstituível, Mussum era um parceiro valoroso, capaz de extrair graça das situações mais banais.

A morte dele foi um golpe no coração de Renato. Mais um parceiro ia embora. Agora, do quarteto, restavam ele e Dedé Santana. Do elenco do programa, havia ainda Roberto Guilherme e Tião Macalé, mas este último morreria pouco tempo depois.

Sem Mussum, Os Trapalhões perdiam um colorido e um batuque de alegria. Pouco depois, em 1995, a Globo fez mais uma tentativa de explorar a grife, agora só com Renato e Dedé, no horário do almoço de domingo, num formato de auditório que durou pouco tempo. O filho mais velho de Renato, Paulo Aragão, era um dos diretores. Em 27 de agosto desse mesmo ano, o programa saiu definitivamente do ar. Na sequência, Renato e Dedé partiriam para Portugal a fim de fazer o programa por lá. E o fizeram com muito sucesso no Velho Mundo, de 1995 a 1998. Porém, nessa incursão por terras portuguesas, sentiram enorme saudade do finado mangueirense, assim como do mineiro de Sete Lagoas com seu sorrisinho inesquecível.

A lusitana roda

Pouco mais de um ano após a morte de Mussum, *Os Trapalhões* saíram do ar no Brasil. Mas do Velho Mundo veio um convite para que Renato e Dedé continuassem com as suas trapalhadas além-mar, com o programa sendo produzido em terras portuguesas. Tudo começou quando Renato foi convidado a participar de um especial comemorativo do aniversário da SIC (Sociedade Independente de Comunicação), que havia surgido em 1992, com 15% de seu capital pertencente à TV Globo.

"Estava em Portugal para esse evento e ouvi que éramos conhecidos por lá. Aí o diretor-geral da empresa perguntou: 'Você não quer vir fazer *Os Trapalhões* aqui? Você não está fazendo programa lá no Brasil... Por que não vem pra cá?' Aí eu fui pensar, falar com o Boni, para conferir o que ele achava. E ele concordou", conta Renato. "Boni disse: 'Pode ir, faz lá! A SIC é nossa. Não tem problema, não. Pode ir lá fazer uns especiais e tal. Só estão você e o Dedé agora.' Aí eu fui. A SIC fez uma grande festa. Alugou um castelo, convidou todo o mundo televisivo e cinematográfico de Portugal. E nós. Era festa de gala: smoking, fraque. Um festão. Carros importados, todo mundo entrando no castelo por um tapete vermelho. As pessoas desciam do carro, pisavam no tapete, entravam. Tinha televisões lá dentro."

Na ocasião do evento, um executivo da SIC perguntou a Renato:

– O que você quer? Uma limusine... alguma outra coisa especial?

O trapalhão foi taxativo:

– Não quero, não. Quero uma carroça toda enfeitada de flores e um guarda-chuva.

Renato lembra que o executivo estranhou, mas o atendeu. Em meio à cerimônia, havia um telão mostrando os convidados, na maior gala e pompa diante da imprensa europeia. Aí chega a carroça toda florida,

Lilian e Renato com o elenco, a direção e toda a equipe de produção do programa *Os Trapalhões* em Portugal, gravado em Lisboa, na SIC.

com Didi e Dedé sob o guarda-chuva. Não sobrou para ninguém: o efeito surpresa criado por aquela entrada clownesca deixou todo mundo de queixo caído. Foi o cartão de visita ideal para a estreia no outro lado do Atlântico.

"Na estreia, em 1995, éramos só eu e Dedé contracenando com atores de lá. Depois, consegui levar o Sargento Pincel, nosso amigo Roberto Guilherme, para fazer uma série de esquetes com o Soldado 49. Foram dois anos e meio indo e voltando para esse trabalho, uma vez que o programa da SIC durou até 1998, quando voltei com força total a fazer filmes no Brasil", conta Renato. "Eu escrevia os esquetes e mandava os textos com antecedência para que a TV portuguesa preparasse as gravações. Depois disso, passava um mês direto lá, gravando todo santo dia. E aí voltava para o Brasil. Um mês lá e três aqui. Era muito cansativo, mas o sucesso era tão grande que valia a pena. Marcou toda uma geração em Portugal. Ainda hoje as pessoas se lembram do programa."

Mais do que se adaptar a um contexto de produção distinto, Renato teve que se ajustar às diferenças culturais entre Brasil e Portugal. "Os costumes são bem diferentes entre as duas nações. Tinha um monte de coisa que a gente não podia falar, por uma questão de entendimento. A palavra 'miúda', por exemplo, que lá quer dizer criança, menininha, aqui tem a ver com tamanho", conta o trapalhão, lembrando que, a cada programa, ele e Dedé, ambos vestidos de smoking, faziam uma abertura, escrita por roteiristas de Portugal, falando besteira e fazendo crítica de costumes.

"Tinha uma ligeira claque. Eu entrava com o Dedé e aí dizia uma coisa do tipo: 'Poxa, eu vinha dirigindo a minha caminhonete. Aí atravessou um urubu no meio. Quase que eu atropelo uma fila de pessoas. Aí passou uma galinha. Eu já ia passando por cima da galinha, até que ela disse: 'Nossa, que galo pesado. Mas não conseguiu nada!' De repente, chega o diretor e nos interrompe", lembra Renato. O diretor instruiu: "Para, Renato! Ninguém está entendendo nada! Você tem que dizer 'Eu vinha dirigindo a minha carrinha, passou um abutre, eu pisei nos travões e quase que atropelo uma bicha!' Entendeu?"

Outra situação de estranhamento ocorreu em um evento de vacinação. Como o programa estava fazendo muito sucesso, o secretário de Saúde resolveu pedir ajuda a Renato para divulgar a campanha de vacinação.

– Renato, nós precisamos que você ajude na campanha, que convide as pessoas para que levem todas as crianças pra tomar a injeção no dia tal.

Aí o secretário entregou ao trapalhão o texto da campanha que ele deveria ler: "Eu convido todos os miúdos, neste domingo, a tomar uma pica no cu!" Renato travou ao ler aquilo.

– Seu secretário, vou ter que falar isso?

– Por quê, Didi? Você não é o líder das crianças?

Renato pensou "Se isso passar no Brasil, tô ferrado!", mas não teve coragem de dizer não e respondeu: "Pode deixar!" Refletindo com seus botões, encontrou uma saída honrosa. "Botei uma 'trapalhete', uma moça bonita que fazia o programa sempre com a gente, para ler. Eu comecei: 'Atenção, miúdos, neste domingo eu convido todos vocês pra quê?' Aí ela completou e deu certo."

Foram três anos de alegria, que disseminaram o nome de Renato e a figura de Didi não só na Europa, mas também na África. Um tempo que deixou saudades no trapalhão.

A Turma do Didi

Logo após o fenômeno popular que foi o regresso de Renato aos cinemas em 1997, com *O noviço rebelde*, a TV Globo resolveu apostar outra vez em um programa aos domingos para o trapalhão. Assim, no dia 25 de outubro de 1998 foi ao ar a primeira leva de esquetes da nova atração, *A Turma do Didi*, cuja redação contou com colaboradores de peso como Paulo Cursino, Natália Grimberg, Péricles de Barros e Mu Chebabi, entre outros.

"Minha única preocupação com esse projeto era evitar que ele pudesse ser parecido com *Os Trapalhões*, num formato de grupo muito próximo, o que me fez pedir a presença de mais pessoas, que foram se revezando ao longo de sua história", conta Renato, que contracenou com nomes como Marcelo Augusto, Vanessa Bueno, Jacaré, Daniel Del Sarto, Tadeu Mello, Douglas Silva e outros, incluindo Dedé Santana, que aportou no programa no fim da década de 2000. "Fui descobrindo talentos, como o Rodrigo Sant'Anna, e usando cantores e músicos para contracenar com o porra-louca do Didi. Ali foi um espaço em que pude testar muitos atores e descobrir novos valores sobre a vida e o mundo."

O maior desafio daquela empreitada, que saiu do ar no dia 28 de março de 2010, era administrar a mudança de perfil na programação da TV aberta. "Aos domingos, a TV se divide entre o horário matinal dos esportes, majoritariamente masculino, e a troca para um perfil mais 'família', que acontece a partir do meio-dia, quando as pessoas estão mais ligadas na hora do almoço", explica Aragão, que, para conquistar a atenção dos espectadores já de olho na macarronada com frango assado, acabou encontrando um diferencial para fisgar o público.

Gravação de *A Turma do Didi* com Thiago Lacerda e malabaristas do Beto Carrero no Projac, no Rio de Janeiro, em 2009.

A isca era um quadro de erros nas gravações, "Armações e mancadas", que pegava o público de surpresa, uma vez que nada estava combinado. Fazia, às vezes, mais sucesso do que as piadas. Mas, depois de 12 anos no ar, *A Turma do Didi* chegou ao fim.

Porém, para comemorar os 50 anos da trajetória do personagem Didi, a TV redobrou a sua aposta no carisma do trapalhão de Sobral e, em 4 de abril de 2010, lançou outro programa, de perfil distinto, chamado *Aventuras do Didi*. Este ficou no ar até dezembro de 2012. Renato viria, depois, a participar do *Vídeo Show*, num quadro sobre os Trapalhões, e fez alguns especiais em formato telefilme. Isso até 2017, quando a marca *Os Trapalhões* retornou em uma releitura do programa original, com Didi, Dedé e novo elenco.

Sob a estética de Jayme

No início dos anos 1990, o Brasil tomou um choque estético na teledramaturgia com a novela *Pantanal*, da Rede Manchete, que trazia imagens do Centro-Oeste com um requinte visual até então jamais visto na TV aberta. O responsável por aquela saga deslumbrante era Jayme Monjardim, diretor que construiu um patrimônio imagético singular ao privilegiar as potências da natureza e ao ressaltar com habilidade a porção mais afetiva das narrativas épicas.

Para Renato logo ficou claro que se tratava de alguém que não poderia faltar em seu rol de grandes colaboradores. Para quem foi dirigido por J. B. Tanko, Roberto Farias, Tizuka Yamasaki, Daniel Filho, Wilton Franco, Adriano Stuart e José Alvarenga Jr., entre outros, era imprescindível a experiência de contar com os enquadramentos de Monjardim. E, na TV, isso se deu na série *Acampamento de férias*, um grande sucesso de audiência, cuja primeira temporada começou no Dia das Crianças, em 2009. Sob a supervisão geral de Jayme, a série foi dirigida por Paulo Aragão, Leandro Néri e Marcus Figueiredo, cineasta com quem Renato rodou filmes como *O guerreiro Didi e a ninja Lili* (2008).

O cuidado com as imagens já era uma marca do trabalho de Renato no cinema. Principalmente a partir de *Aladim e a lâmpada maravilhosa* (1973), quando seus filmes viraram fenômenos populares, Renato buscou imprimir na telona um alto padrão de qualidade. "Se eu fizesse um filme passado inteiramente num ponto de ônibus, teria gente interessada em ver e, por isso mesmo, em respeito ao meu público, precisava fazer com o máximo de qualidade técnica possível", conta Renato. Para isso, não hesitou em viajar até o Marrocos para rodar *O rei e os Trapalhões* (1979). "Esse foi meu maior desafio, pois bem naquele momento estourou uma guerra lá e não pude filmar nem voltar para o Brasil, tendo que bancar uma equipe ociosa por dias a fio. No fim, nem passear direito pelas cidades marroquinas eu consegui. Vi, no máximo, um encantador de serpentes e o mercado de tâmaras." Sempre perseguindo um resultado primoroso, Renato chegou a rodar parte de *Os saltimbancos Trapalhões* (1981) nos Estados Unidos, nos estúdios da Universal.

Essa busca por qualidade se via também nas suas produções para a TV. Jayme Monjardim se empenhou para fazer de *Acampamento de férias* um produto diferenciado. Era a terceira série de Renato Aragão na Globo após *Poeira em alto-mar* e *Deu a louca no tempo*, ambas exibidas no período de férias escolares de 2008 e 2009, respectivamente. "Jayme colocou até sereia no programa, criando um ambiente de fantasia raro", diz Renato, que estrelou ainda duas sequências de *Acampamento de férias*: *A árvore da vida*, em 2011, e *O mistério da ilha do Corsário*, em 2012.

Os Trapalhões anos 2010 – um olhar de dentro

Por *Péricles Barros*, roteirista

A nova versão de *Os Trapalhões* nasceu, ainda em 2016, a partir de uma proposta de Ricardo Waddington, diretor de Gênero/Variedades da TV Globo, em parte em função do êxito do remake da *Escolinha do Professor Raimundo*, também desenvolvido por ele. Fui convidado para fazer a redação final do projeto pelo meu parceiro de muitos trabalhos na emissora, Mauro Wilson, que fez a supervisão de texto.

Desde o início, a proposta era aproveitar o formato do programa anterior (esquetes com o grupo, intercalados com piadas curtas, em geral com um ou dois personagens), mas com temáticas e situações contemporâneas, além de reeditar quadros clássicos (como o do quartel e o dos super-heróis). E também reencenar (com adaptações) alguns esquetes que marcaram época. Sabíamos que algumas abordagens e piadas, recorrentes nos Trapalhões do passado, não se adequavam mais aos tempos atuais. Por outro lado, sempre acreditei que o cerne dos esquetes do grupo eram a amizade, a malandragem ingênua e a paquera. E o foco dos textos desse remake foi justamente nessa direção. Outro aspecto pelo qual eu e Mauro fizemos questão de zelar bastante era o "humor de texto". Ou seja, sem jamais abrir mão do característico apelo físico do grupo, as piadas nos novos diálogos deveriam ser precisas e em grande quantidade. Não iríamos nos apoiar somente na performance cênica dos atores. Humor tem que ter piada de texto. E muita!

Uma questão a ser elaborada, em conjunto com Renato Aragão e Ricardo Waddington, era como se daria a participação do Didi Mocó

Apesar da cara de Lobo Mau, Didi abre seu bom coração para a nova geração de Trapalhões na volta do humorístico à TV Globo.

original nesse remake de 2017. Pela diferença de idade, ele seria apresentado como um tio dos jovens Trapalhões? E como se chamaria o jovem nordestino do grupo, para diferenciá-lo, em cena, do Didi interpretado pelo Renato? Seria Didico? Didizinho? Essas e outras perguntas foram sendo respondidas conforme os textos iam sendo desenvolvidos, mas sempre com a preocupação de que os novos episódios respeitassem e emulassem o espírito alegre do programa do passado. Também era importante deixar claro para o público (formado, em parte, por crianças e jovens) que o remake era uma grande homenagem ao programa anterior. E, claro, uma homenagem divertida, sem espaço para sentimentalismos e apelações.

Quando começamos, junto com a equipe de roteiristas, a escrever os roteiros, apenas o Didico (Lucas Veloso) estava escalado pelo Ricardo Waddington. Por isso, boa parte dos textos foi desenvolvida sem que os autores soubessem quem seriam os novos atores. Se isso nos limitou em parte, por outro lado também nos fez imaginar, para aquelas cenas, a única referência possível: os Trapalhões originais. E isso nos possibilitou gerar cenas bem fiéis ao tom de Didi, Dedé, Mussum e Zacarias. Trabalhar com Renato Aragão (com quem eu já havia convivido quando escrevi o especial *O milionário e o vagabundo*, em 1997, protagonizado por ele) foi um privilégio. Ele foi extremamente generoso e respeitoso com os nossos textos, ao mesmo tempo sempre contribuindo com o brilho e humor dos seus impagáveis improvisos.

Os sobrinhos de Didi

No dia 17 de julho de 2017, o canal Viva exibiu um de seus maiores sucessos – no caso, não uma reprise de um fenômeno da TV, e sim uma estreia. Naquela segunda-feira, Renato Aragão, Dedé Santana e seus novos pupilos – Lucas Veloso (o Didico), Bruno Gissoni (o Dedeco), Mumuzinho (o Mussa) e Gui Santana (o Zaca) – fizeram a prova dos nove para checar a aceitação popular do regresso da grife *Os Trapalhões*. O novo programa do (agora) sexteto chegou em setembro de 2017 à programação aberta da Rede Globo, sob a direção-geral de Fred Mayrink e sob a supervisão de Ricardo Waddington.

"É impossível voltar a ser o que foram os Trapalhões originais, mas é nosso dever homenageá-los, arranhando o tipo de alegria que eles transmitiam", disse Mumuzinho ao site Omelete. Após dirigir o novo grupo, Mayrink só falava em celebração: "Foi muito bonito ver a generosidade do Renato recebendo a rapaziada mais jovem, apostando na simplicidade, num clima circense", dizia o diretor. "Havia muito amor envolvido nesse projeto, sobretudo pelo empenho em mostrar às gerações mais jovens aquilo que nos fazia sonhar nos anos 1980."

Esquetes com Didi buscando oportunidades de emprego, piadas com crises familiares de super-heróis, números musicais e discussões em restaurantes temperadas com muito riso fazem parte da seleta de roteiros com redação final de Péricles Barros e supervisão de texto de Mauro Wilson. "A gente passa a vida aprendendo e eu aprendi muito com esses garotos", disse Aragão, sendo complementado de imediato por Gui, que vive o mineirinho Zaca.

– Comigo, por exemplo, o Renato aprendeu a fazer um *snap* – disse ele.

– Cuma? – perguntou o trapalhão, usando seu velho bordão.

– Um vídeo instantâneo – explicou Gui.

Didi fantasiado como um dos Sete Anões em um dos quadros dos novíssimos Trapalhões: sucesso de audiência nas tardes de domingo de 2017, o programa desafia a correção política, mas com doçura.

– Huuuummm... Como esse rapaz é snapado – brincou o comediante, que enxerga o retorno de *Os Trapalhões* como um tributo a Mussum e Zacarias.

Renato explica que no quarteto original cada um tinha seu papel: "Eu era o nordestino que lutava para vencer, o Dedé era o galã de periferia, o Mussum era o sambista da Mangueira e o Zacarias, o mineirinho que não queria crescer, um menininho."

Assim como Renato criou incontáveis bordões, tipo "Ô psit!", Lucas Veloso, escalado para viver o Didico, o sobrinho de Didi, também inventou os seus: "Teve muita cachorrada que eu trouxe lá da minha Paraíba mesmo... e não só o meu 'Ôxe!' ou 'Ah, ié?'", explica. "Eu uso muito bordões, como 'Infeliz das costa oca', que é bem paraibano, e chamo o Mumuzinho de 'Murrinha'."

"Buscamos o mesmo tom do antigo programa", explica Mauro Wilson. "Com o mesmo espírito do passado. Quatro sujeitos confusos que não sabem direito o que querem da vida. E que acabam sempre se metendo em confusão. Como os antigos Trapalhões. Eles levam o caos aonde tem ordem."

O cinema

Cena de *Os saltimbancos Trapalhões* (1981), eleito um dos 100 melhores filmes do cinema nacional em enquete da Associação Brasileira de Críticos de Cinema (Abraccine).

Uma pessoa, quando se destaca na vida, precisa saber que, alcançando o pedestal do sucesso, estará exposta a que lhe atirem flores... ou pedras.

Um ídolo na matinê

Será que alguém que arranhou a marca de 130 milhões de ingressos vendidos (algumas fontes cogitam 173 milhões), com nada menos do que 50 filmes, ainda guarda a lembrança do primeiro contato com seu ídolo? Renato Aragão se recorda bem: corria o ano de 1949 quando pisou pela primeira vez no suntuoso saguão do Cine Majestic, em Fortaleza, segurando um ingresso. Estava sozinho para encarar aquela inesquecível matinê. O filme era *Carnaval no fogo*, dirigido por Watson Macedo. Nessa ocasião, o adolescente, então com 14 anos, teve um encontro que marcaria para sempre a sua vida. Conheceu o seu ídolo maior, Oscar Lorenzo Jacinto de la Imaculada Concepción Teresa Dias (1906-1970), ou apenas Oscarito.

De acordo com os arquivos da Cinemateca Brasileira, a sinopse mais adequada para resumir o filme que Renato viu naquele dia é a seguinte: "Num luxuoso hotel no Rio de Janeiro, Ricardo é diretor artístico, Marina, sua namorada, é artista, e Serafim e Anselmo são funcionários. Ali se hospeda uma quadrilha que aguarda a chegada de seu chefe, que ninguém conhece e será identificado graças a uma cigarreira achada por Ricardo. A confusão começa quando Anselmo é tomado pelo chefe da quadrilha, o qual, depois de muitas peripécias, acaba sendo desmascarado. Antes que a quadrilha escape, vem a polícia e restabelece a ordem."

O tal Serafim era Oscarito, que, em meio a incontáveis trapalhadas, ainda executa a "Marcha do gago", de Klacius Caldas e Armando Cavalcanti, com uma destreza e um ar de galhofa que levaram o jovem Renato às gargalhadas, conquistando-o para o admirável mundo novo da chanchada. A diversão foi tanta que ele voltou para rever o filme. E não apenas uma única vez. Acabou assistindo a *Carnaval no fogo* duas, três, quatro... quinze vezes.

Depois entrou no circuito cearense mais uma chanchada estrelada por Oscarito: *Aviso aos navegantes* (1950), também escrita e dirigida por Watson Macedo. Agora, era a vez de o público cinéfilo do Ceará embarcar em um luxuoso navio que vai de Buenos Aires ao Rio de Janeiro, levando a bordo um príncipe, o Suave Leão. Oscarito vive Frederico, um clandestino surpreendido pelo cozinheiro Azulão, que passa a explorar a falta de documentos do outro a fim de se dar bem. No percurso, há um alerta para a presença entre os passageiros de um perigoso espião que precisa ser detido. Para capturá-lo, todos se unem, dando início a uma série de perseguições entremeadas com números musicais e desencontros amorosos, com direito a canções como "Tomara que chova" e "Beijinho doce", com uma canjinha de Oscarito nos acordes de "Na Candelária".

Em *Aviso aos navegantes*, Renato teria seu primeiro contato com Ivon Curi, com quem viria a trabalhar em *Os adoráveis Trapalhões*, em 1966, na TV Excelsior. Encantado por Oscarito e seus recursos físicos para fazer humor, Renato viu *Aviso aos navegantes* dezesseis vezes. Depois vieram os outros longas-metragens estrelados pelo ator, como *Barnabé, tu és meu* (1952); *Nem Sansão nem Dalila* (1955); *O homem do Sputnik* (1959), todos vistos e revistos numerosas vezes pelo futuro trapalhão. "Cada vez que ia ver um filme do Oscarito, eu pensava: 'Será que só eu estou vendo o que esse cara faz?' Mas, pela gargalhada generalizada, eu sentia que o pessoal enxergava também aquele brilho todo do Oscarito. Mas duvido que alguém tivesse visto as palhaçadas dele tantas vezes quanto eu", reflete Renato. "E eu nem tinha a noção de que ele, de uma forma muito direta, iria me formar para fazer humor no futuro. E essa formação se deu naquela minha época como espectador, a partir de seus filmes."

Naquele momento, embora respeitasse muito o trabalho de todo mundo com quem Oscarito contracenava, Renato sabia que ele era o único que calava fundo em seu coração cinéfilo. Também admirava muito Grande Otelo, com quem veio a trabalhar décadas mais tarde. Depois de ver tantas vezes *Carnaval no fogo* e outros sucessos, o menino de Sobral que já, já ia ganhar o Brasil (da mesma forma como seus ícones chanchadeiros ganharam o amor do país nas décadas de 1930, 1940 e 1950) enxergava o senhor Sebastião Bernardes de Souza Prata como algo além de mera "escada" para Oscarito, como o definiam os críticos da época – embora Grande Otelo fosse a melhor "escada" do mundo, com talento dramático e cômico refinadíssimo. A seus olhos, Otelo era o coadjuvante de luxo que levantava a bola para Oscarito cortar.

Mas os outros astros do gênero não tinham vez no coração de Renato. Era coisa de fã. Ardor de fã. Não havia Zé Trindade que rivalizasse com Oscarito. E, um dia, num programa, ele teve a chance de refazer um dos números lendários de seu ídolo.

Saudades de Bonga

Bate no coração trapalhão de Renato uma centelha revivificadora que sonha um dia ver um de seus personagens esquecidos, o chapliniano Bonga, de novo na frente de uma câmera, como protagonista de um longa-metragem. Tem um charme nele, ou melhor, no filme *Bonga, o vagabundo* (1971), que atiça a curiosidade de Renato, até hoje incomodado pelo fato de não ter alcançado sucesso à altura dos filmes que faria nos anos seguintes. Sempre que é perguntado sobre um fracasso pessoal ou profissional que lamente, ele cita a falta de visibilidade do herói maltrapilho. As razões são da ordem do carinho pelas diferenças que Bonga tem na comparação com Didi. Enquanto este, feito criança grande, é palhaço que gosta de ver o circo pegar fogo, Bonga tem um componente romântico mais acentuado, embora também seja malandro. O texto seguinte foi publicado originalmente no blog P de Pop, do jornal *O Estado de S. Paulo*.

> Revelando uma verve poética transgressora na abordagem dos sem-teto, *Bonga, o vagabundo* traz o trabalho de interpretação mais livre – e de maior risco – de Renato Aragão em uma fase anterior ao programa dominical mantido por ele, Dedé, Mussum e Zacarias na TV Globo. É uma obra de exceção numa filmografia extensa, que ganhou, há pouco, uma contribuição preciosa com a publicação do livro *O cinema dos Trapalhões – Por quem fez e por quem viu* (editora Laços), de Rafael Spaca. E qualquer mergulho numa obra como a de Renato Aragão libera uma nostalgia adocicada, que pode ser sintetizada numa quadrinha mítica, dita pelo ator num outro longa-metragem (igualmente inesquecível): "Vamos todos pensar firme/ Vamos todos pensar forte/ Pra cair um pingo d'água/ E mudar a nossa sorte."

Foi com essa arma que Renato (vestido de Didi) enfrentou a condição trágica da terra nordestina crestada pelo sol em *Os Trapalhões e o Mágico de Oróz* (1984), um dos 50 filmes feitos por ele em cinco décadas de cinema. Ali, ele ainda adiciona ao sonho a perseverança: "Todos nós temos medo, mas coragem, não... Coragem a gente aprende a ter." Na rapadura que surgiu daí – dessa mistura de circo e piada, no improviso feito pelo fã de Oscarito que trocou o Direito, no Ceará, por uma vaga no picadeiro do audiovisual –, um grande ator despontou, com base nas ferramentas do improviso no diálogo e na experimentação acrobática no espaço. Verbo e corpo.

Mas *Bonga, o vagabundo* é, antes de tudo, uma brincadeira à la Chaplin, tendo como diretor Victor Lima (1920-1981), ex-crítico da revista *A Cena Muda*, responsável por fitas imprescindíveis como *Chico Fumaça* (1957) e *É de chuá!* (1958). Distribuído pela companhia Herbert Richers, o longa traz um dos personagens mais importantes da carreira de Renato: o malandro de rua Bonga, um herói pícaro maltrapilho cuja esperteza para dar golpes é equivalente a seu carinho pelos desvalidos. Ali estão os elementos que influiriam – nos anos seguintes – na composição da figura de Didi Mocó. Na trama, Bonga tenta ajudar um amigo a encontrar uma noiva e, com isso, atender à expectativa do pai do jovem. Mas o golpe armado por Bonga acaba por envolver sua grande paixão, complicando os planos afetivos deste nosso Carlitos. No elenco estão Maria Cláudia, Neila Tavares, Jorge Dória, Ronaldo Canto e Mello, e Orlando Drummond, um dos maiores dubladores do Brasil. A fotografia é de Antônio Gonçalves e a música traz composições de Sérgio Dizner.

Seu lançamento ocorreu numa época de ressaca cultural, apenas três anos após a imposição do AI-5, que bateu na porta da liberdade de expressão para colocá-la ao relento, ferindo nossa democracia. Naquele momento, o Cinema Novo se debatia na névoa cor de chumbo levantada pela repressão. Nosso cinema tomaria outros rumos após o sucesso absoluto de *Macunaíma* (1969), diluindo-se como movimento. Da mesma época tenebrosa é a pornochanchada, inaugurada com o êxito estrondoso de *Os paqueras* (1969), de Reginaldo Faria. Dali para a frente, até 1985, a comédia erótica penetraria, sem preliminares, no imaginário cinéfilo nacional.

Neste cenário, marcado pelo sentimento de derrota utópica e pela euforia com os filmes de sexo, *Bonga, o vagabundo* surge como uma espécie de caminho do meio, abrindo uma rota chapliniana, na qual o riso podia vir dissociado das mazelas políticas e das incontinências hormonais comportamentais. Era um riso mais doce, mais leve, que ajudou a pavimentar a estrada na qual, nas duas décadas a seguir, Renato reinaria soberano com os seus Trapalhões. É, portanto, uma joia do riso, a ser reavaliada, em nome da justiça e da graça.

“O roia no tampa, Renatas”

No início de sua carreira no cinema, Renato insistia em fazer, ele mesmo, cenas de ação, sobretudo envolvendo altura, dado o prazer que sente em lugares altos. Mas houve uma voz que o obrigou a usar um dublê, chamado Baiaco, que até hoje o substitui em situações mais arriscadas. Normalmente, Renato tentaria negociar e evitar a substituição, mas como a determinação veio de Josip Bogoslaw Tanko (1906-1993)

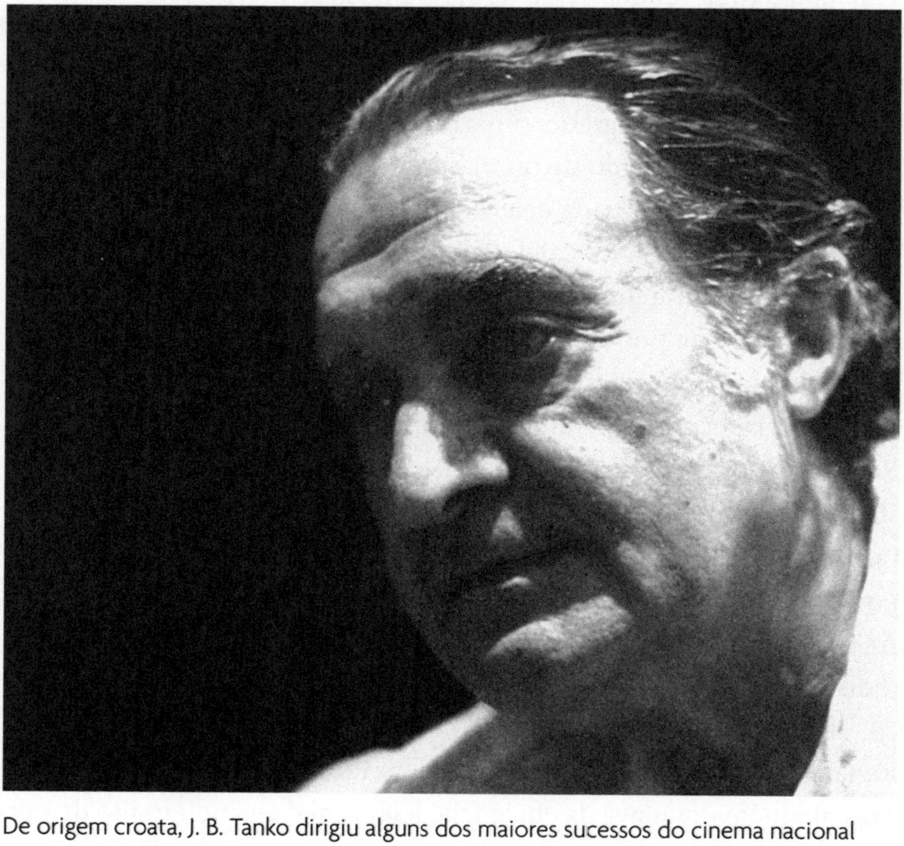

De origem croata, J. B. Tanko dirigiu alguns dos maiores sucessos do cinema nacional entre 1974 e 1987, período em que fez sete longas com os integrantes dos Trapalhões.

– J. B. Tanko (como era conhecido aqui) –, ele acatou sem reclamar. Não por submissão, mas por respeito aos conhecimentos desse croata de Sisak (na antiga Iugoslávia), com um currículo cinematográfico recheado de sucessos de bilheteria.

Formado na Áustria e na Alemanha, onde trabalhou na UFA como tradutor da versão iugoslava de filmes alemães, Tanko escreveu roteiros e dirigiu documentários até o início da Segunda Guerra. Depois voltou para Belgrado, onde ficou até 1948, quando se mudou para o Brasil. Aqui filmou de 1952 a 1987, com foco em narrativas mais populares, sempre contabilizando plateias agigantadas, o que se multiplicou após a parceria com Renato. Dirigiu o maior êxito de público do grupo, *Os Trapalhões nas minas do rei Salomão* (visto por 5,7 milhões de pagantes), assim como o maior filme cult do quarteto, *Os saltimbancos Trapalhões* (que vendeu cerca de 5,2 milhões de ingressos).

"Tem uma história engraçada que Tanko nos contava acerca de sua chegada ao Brasil no fim dos anos 1940", diz Renato. "Ele veio de navio e, antes de sair de Belgrado, amarrou na cintura uma série de saquinhos de café, com medo de que, com um eco da guerra, faltasse aqui. Café era a bebida preferida dele. No percurso, alguém lhe disse: 'Mas o que mais tem no Brasil é café!' Perplexo, ele arrancou os sacos da cintura, bravo, e atirou um a um no mar. Estava carregando peso à toa."

Embora tivesse por Tanko um respeito filial, Renato confessa ter se divertido muito com o sotaque de seu mestre.

"Tanko falava um português muito carregado. Ele me chamava de Renatas. Não acertava a pronúncia do meu nome", lembra o trapalhão. "Um dia, fomos fazer uma cena em que eu tinha que fechar uma garrafa com uma rolha. E ele resolveu me explicar: 'Aí, Renatas, você vai por ali e coloca o roia no tampa.' Senti vontade de rir, mas me segurei. Aí perguntei de novo: 'Mas o que é mesmo pra fazer, Tanko?' E ele, todo paciente: 'Renatas, você vai por ali e coloca o roia no tampa.' E eu, de novo, fiz que não entendi: 'O roia no tampa, Tanko?' E ele: 'Isso, Renatas, põe o roia no tampa.' E a galera toda no set morrendo de rir. Mas ninguém duvidava da eficiência dele. Tanko ensinou muito do que aprendi sobre como fazer cinema."

Nos bastidores de *Os saltimbancos*

Entre todos os filmes protagonizados por Renato Aragão, só um entrou no livro *100 melhores filmes brasileiros*, editado pela Associação Brasileira de Críticos de Cinema, a Abraccine. Hoje considerado um cult, *Os saltimbancos Trapalhões* (1981) foi visto por 5.218.478 pagantes. Sua produção deu trabalho. Muita coisa complicou o projeto, a começar pela decisão de Renato de fazer parte das filmagens nos estúdios da Universal, nos Estados Unidos, a fim de aportar mais valor estético ao longa-metragem de J. B. Tanko.

Logo ao desembarcar em Los Angeles, Renato tomou uma aula de finanças audiovisuais, sob a forma de taxas de produção. "Ao chegar lá, descobri que pra filmar aqui é um preço; ali, é outro; no centro da cidade, o custo varia também", lembra o trapalhão. "Depois que você paga à prefeitura de Los Angeles e recebe permissão para filmar, eles te mandam dois policiais motorizados, tipo aqueles do seriado *Chips* [exibido nos Estados Unidos de 1977 a 1983]. Nunca tinha feito um filme com escolta e me senti um artista de Hollywood."

A experiência teria sido perfeita não fosse por um detalhe: o carro que a produção escolheu para Renato guiar por Los Angeles. Assim que a equipe de *Os saltimbancos* chegou aos Estados Unidos, providenciou um Mercedes conversível, a fim de facilitar o trâmite com a luz nas filmagens, sobretudo nas avenidas expressas da cidade. Mas quando Renato foi buscar o carro, juntamente com Lucinha Lins, a estrela do filme, teve a surpresa de ver que era um Mercedes à moda inglesa, com a direção no lado direito – algo com que ele não estava habituado.

"Para piorar, a mão do trânsito fica do avesso: andar no centro de Los Angeles deixa você todo torto. Você pensa que o carro vai passar por aqui e ele tem que passar por ali", lembra Renato. "A minha sorte é que, como pagamos as taxas, tinha a escolta para nos ajudar. Esses caras pararam o trânsito de Los Angeles, no centro da freeway, pra gente passar."

A forma como os guardas colaboraram com a produção impressionou Renato, dando a ele a visão de uma maneira diferente de se fazer cinema com a sinergia de toda a cidade. "Os caras de moto que pararam o trânsito pra gente não chiaram. Ficaram quietos e nos ajudaram, respeitando o fato de que estávamos pagando diretamente à prefeitura pra filmar. Tínhamos direito. Quando a gente chegou a uma outra área da cidade, tinha outro à la Chip já parando o trânsito pra gente passar. Eu pensei: 'Meu Deus! Isso aqui é mesmo a terra do cinema. Esse povo todo, essa sociedade toda valoriza o cinema.'"

Ringo não discute... Mata

Na segunda metade dos anos 1960, quando Renato começou a se estabelecer como atração televisiva de alto quilate no eixo Rio-São Paulo, os cinemas do Brasil e do exterior exibiam, no novo gênero do spaghetti western lapidado e consagrado por Sergio Leone (1929-1989), um tempero à moda romana chamado Giuliano Gemma (1938-2013). No começo de sua carreira, o italiano corria o mundo sob a alcunha de Montgomery Wood – afinal, era comum entre atores não americanos a adoção de nomes artísticos mais favoráveis à disputa por um lugar ao sol de Hollywood. Foi assim com Terence Hill e Bud Spencer, que nasceram Mario Girotti e Carlo Pedersoli. Bom, na música também havia dessas, a exemplo da conversão do cantor Maurício Alberto Kaisermann em Morris Albert nos tempos em que "Feelings" (1975) era a canção oficial da dor de cotovelo. Mas Gemma não demorou muito para atrair fãs apaixonadas usando o nome de batismo – seu semblante de galã ajudou, potencializado pelo êxito global de *O dólar furado* (1965).

À época do sucesso nacional desse longa-metragem de Giorgio Ferroni, Renato também alimentou a popularidade de Gemma ao se encantar por seu desempenho heroico no Velho Oeste. Mal imaginava o trapalhão que, anos depois, em 1986, ele ficaria cara a cara com o herói de westerns à bolonhesa, como *Ringo não perdoa* (1966) e a obra-prima *O dia da ira* (1967). E não como tiete, mas como colega de trabalho. E isso ocorreu por intermédio do produtor Salvatore Alabiso, que também foi o responsável por levar o personagem Trinity ao programa *Os Trapalhões*, em 1984.

Durante as filmagens de *Os Trapalhões e o Rei do Futebol* (1986), Alabiso queria conhecer e conversar com Pelé. Acompanhado do amigo ator, que veio aqui para divulgar *Tex e o Senhor dos Abismos* (a adaptação para as telas, de 1985, do personagem de histórias em quadrinhos), o produtor deu um pulo nos estúdios da RA Produções, onde o longa estava sendo rodado. À época ainda compromissado com os gramados, Pelé desdobrava-se para poder filmar. Nos picos de cansaço, já que lá chegava exausto, aproveitava o hiato entre uma tomada e outra para tirar um cochilo.

E foi assim que, ao chegar ao estúdio com Gemma, Alabiso o encontrou. Pé ante pé, os dois se aproximaram do local em que o Rei ressonava e bateram uma foto com ele, mas com flash. A luz acordou o craque, que falou: "Tô vendo vocês aí do meu lado." Todos ficaram felizes com o encontro. Sobretudo Renato, ao ver um astro internacional ali no seu estúdio conversando com a majestade de nosso futebol-arte. "O que mais impressionou foi ver como Giuliano era alto. Parecia ter 2 metros de altura. E não estou falando isso pela minha estatura. Ele era grande mesmo", lembra Renato. "E eu era um fã do bangue-bangue dele."

Giuliano Gemma, astro de *O dólar furado*, interrompe o sono do Rei Pelé nos estúdios da RA Produções.

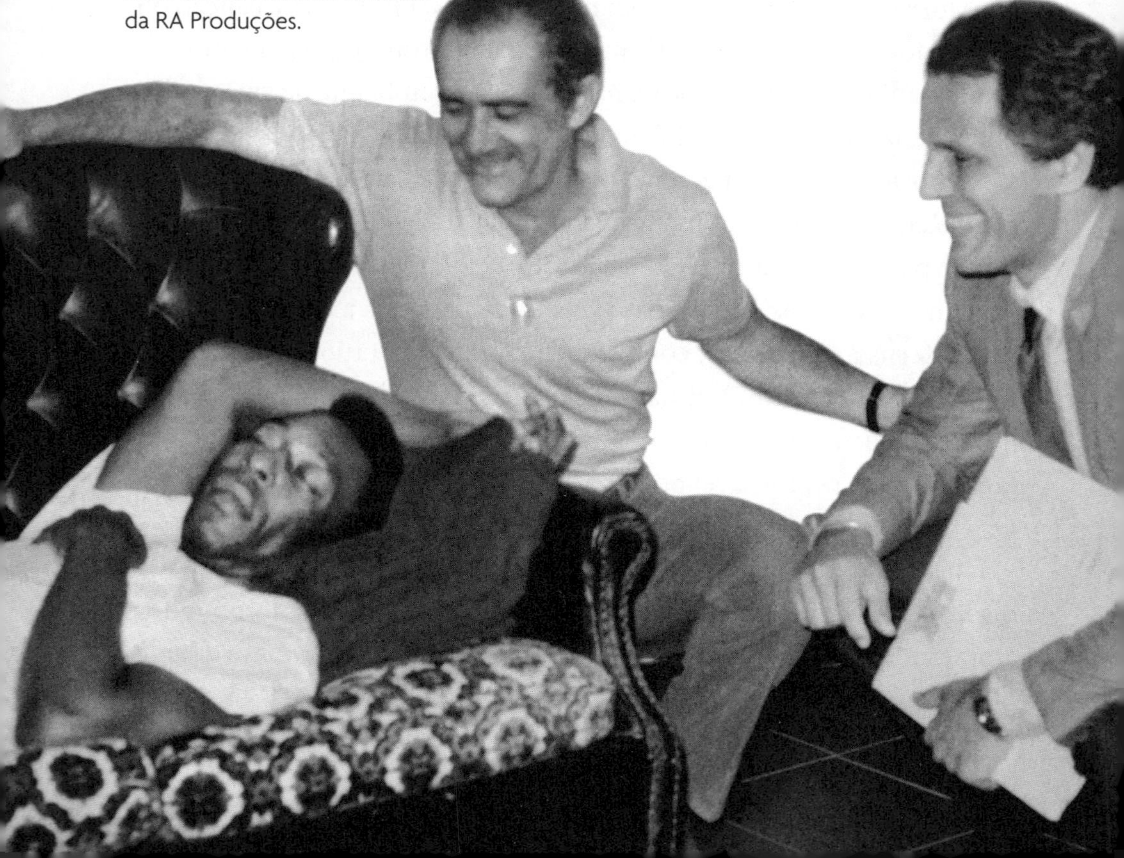

Contratempos da Compadecida

Embora seja um dos filmes de maior sucesso dos Trapalhões nos anos 1980, com um total de 2.610.371 ingressos vendidos, a versão para o cinema do *Auto da Compadecida* deu trabalho a Renato, e de múltiplas formas. O lançamento seria em 1987, quando a peça de Ariano Suassuna (1927-2014) completaria 30 anos de prestigiosa carreira nos palcos. Historicamente, o texto foi encenado pela primeira vez em Recife, pelo Teatro Adolescente, em 1956. Só um ano depois a peça seria apresentada em âmbito profissional no Sudeste (São Paulo), em 11 de março de 1957.

Cansado de tanto encarar o preconceito da crítica contra o humor circense de seus filmes, Renato teve uma ideia para driblar as resenhas negativas: já que estava filmando um marco de nossa dramaturgia, resolveu convidar para a direção um de nossos mais prestigiados cineastas. A escolha recaiu em Roberto Farias, responsável por um dos filmes emblemáticos do moderno cinema brasileiro – *O assalto ao trem pagador*, de 1962. Além disso, Farias também era tarimbado em experimentos mais populares, como a trilogia com o Rei iniciada com *Roberto Carlos em ritmo de aventura* (1967).

Parecia o cenário ideal para o trabalho: uma meta em vista (desafiar o desdém dos que viam o cinema comercial com descaso), um parceiro de peso na direção, um texto que dava um tom de brasilidade ao heroísmo pícaro. Mas aí apareceram desafios. Ariano Suassuna não permitia que se alterasse uma vírgula no texto original, o que poderia ser um problema, uma vez que a forma de atuar dos Trapalhões exigia espaço para cacos. Para o autor de *A pedra do reino*, contudo, isso era inconcebível. Só valia o que estava no texto.

Aí veio outra história: a certa altura do enredo, o protagonista, João Grilo, interpretado por Renato, morre e é levado para ser enterrado. O problema é que Renato tem uma crença irredutível na vida: "Não entro em cemitério nem por decreto. Tenho fobia disso. Eu só entro em cemitério quando me levarem, mesmo assim quero ser enterrado bem na porta, pra, quando houver o juízo final, eu já pular o muro!"

"E como a gente vai resolver, Renato? No texto e no roteiro tem uma cena assim", argumentou Roberto Farias, "o João Grilo morre e tem de ser enterrado. Você tem que ir pro cemitério. Tá no texto do Ariano." E Renato manteve-se irredutível: "Eu não entro em cemitério de jeito nenhum!" Assim, a pré-produção parou. Ariano chegou a ser consultado, mas não queria abrir mão da cena. Renato também não voltava atrás. Roberto ficou no meio da querela. Pressionado, um cineasta tão experiente quanto ele, que tinha começado a carreira de diretor ainda na fase da chanchada, viu-se forçado a buscar uma solução. Muito hábil no trato com todas as partes, Farias chegou a um meio-termo: "Vamos fazer o seguinte, Renato: você não vai entrar no cemitério. Sabe aquele tipo de enterro que as pessoas fazem na praia, pregando cruzes na areia, em memória de mortos cujos corpos não foram encontrados por terem sumido no mar? Então... vamos improvisar algo assim: não é cemitério, são apenas cruzes!"

Renato escutou a ideia e se deu por convencido. "Assim tá bom!", disse. Para Ariano, a proposta caiu bem também: não tinha por que criar caso, pois afinal, simbolicamente, haveria um campo santo, ainda que de areia. E a cena foi feita com o cuidado necessário: levam o corpo morto do João Grilo numa rede, como num cerimonial fúnebre, mas, quando menos se espera, ele ressuscita. Na trama, Nossa Senhora o manda de volta. Aí João Grilo assusta todo mundo ao se erguer da rede e dizer "Tô vivo!", emendando uma cambalhota e uma série de falácias que deixam felizes seu amigo Chicó (papel dado a Dedé) e todo o público da poltrona.

O que esse público nunca soube é que aquela cambalhota, dada logo na primeira sequência filmada, acabou mal. Ao fazer o movimento, Renato rompeu um menisco. Até hoje guarda a sensação da dor: "Sabe como é o efeito de romper o menisco? A gente tem uma série de ligamentos no joelho e, quando você faz um movimento muito brusco, ele estica como um elástico, mas não se rompe. Só que um elástico volta ao normal. O menisco, não. Ele estica. Estica e fica. E, quando você caminha e dá um passo errado, parece que ele entra embaixo da rótula... É uma dor filha da mãe! E isso aconteceu no primeiro take!"

Como se resolve uma encrenca dessas? Bom... mais uma vez a experiência de Farias fez diferença, aliada à disposição de Renato para encarar desafios. Não havia como ter um João Grilo engessado. Por isso, em vez do gesso, Renato passou a filmagem toda com um suporte, uma fita amarrada no joelho, mancando pelo resto do filme. E disso pintou uma nova frustração nesse processo: "Eu não pude fazer nenhuma das proezas do Didi, aqueles saltos, os mortais... nada. Era terrível. Depois fiquei pensando se isso não teria sido um castigo pela minha resistência a cemitério", admite Renato. "Eu não sei se a superstição leva a gente a sofrer pra gente não ser tão bobo assim ou se é apenas uma consequência do TOC [transtorno obsessivo-compulsivo]."

Retomada

No hiato entre os primeiros meses do governo Collor (iniciado em janeiro de 1990) e a estreia do filme *Carlota Joaquina – A princesa do Brasil* (lançado em janeiro de 1995), o cinema brasileiro viveu uma fase de degola que reduziu sua produção a meros três longas-metragens anuais. O termo Retomada passou a rotular a fase a seguir: quinze anos de aposta na diversidade como principal termômetro de brasilidade em nossas telas. Essa diversificação abrange desde o boom documental (a partir da consagração de Eduardo Coutinho, com *Santo forte*) até a gênese da estética favela movie, com *Cidade de Deus* (2002) e *Tropa de elite* (2007). Nesse meio-tempo, três longas-metragens concorreram ao Oscar de melhor filme estrangeiro (*Central do Brasil*, *O que é isso, companheiro?* e *O quatrilho*) e Fernando Meirelles e seus parceiros César Charlone, Daniel Rezende e Bráulio Mantovani receberam indicações à estatueta dourada de Hollywood por suas virtudes técnicas e estéticas. Mas onde Renato entra nessa história?

Ele entra com um sucesso que desafiou todas as expectativas, pilotado por uma cineasta, Tizuka Yamasaki. Num momento em que a indústria cinematográfica nacional ainda se recuperava, *O noviço rebelde* (1997), com Renato no papel central, atraiu nada menos que 1.501.035 espectadores aos cinemas, tornando-se nosso primeiro blockbuster infantojuvenil a nascer nesse período. Renato vinha de um período de seis anos longe do circuito cinematográfico, desde *Os Trapalhões e a árvore da juventude* (1991). Com o estrondoso êxito do *Noviço*, seguido por 1,6 milhão de espectadores de *Simão, o fantasma trapalhão* (1998), teve início uma nova fase para o comediante, na qual sua imagem e sua mensagem alcançaram novíssimas gerações.

Mas, até o filme chegar às salas de cinema, as dificuldades no Brasil bem que assustaram Renato. "Tenho orgulho de dizer que nenhum filme meu deu prejuízo, mesmo os que renderam menos do que o esperado. Porém, no início dos anos 1990, o sujeito que começasse a rodar um longa não sabia se o projeto chegaria ao fim", diz Renato. "Era um tempo de inflação a 80%, no qual ir a um supermercado significava ser seguido pelo barulhinho da maquininha de preços reajustando tudo. Foi a fase do confisco da poupança, que deixou muita gente sem dinheiro. Era muito desemprego, muito aperto. Consegui me segurar pelo meu trabalho em TV e fiz o que pude para manter a produtora e a minha equipe. Quando pressenti, após a chegada do real, que a situação econômica do país começava a se apaziguar, decidi que era hora de voltar a filmar. Só não esperava tanta aceitação pro meu cinema." O bom desempenho do trapalhão na telona coincidiu com a estreia de seu novo programa na TV: *A Turma do Didi*.

De volta a *Os saltimbancos*

Nos primeiros anos da década de 2010, não houve espaço para Didi em grande circuito. Isso até 2017... Num esforço para retomar sua carreira cinematográfica, após um hiato de nove anos de circuito, Renato aproveitou sua incursão teatral com a dupla Charles Möeller e Cláudio Botelho, em 2014, na revisão crítica (e musical) de *Os saltimbancos*, para extrair dali uma nova aventura na tela grande. Dirigido por João Daniel Tikhomiroff (um bamba da publicidade hoje consagrado também no cinema como realizador), o eterno trapalhão reinventou seu humor circense. O texto a seguir, assinado por este que vos escreve, foi publicado no Almanaque Virtual em 4 de janeiro de 2017 e é fruto da imersão nostálgica nesse filme, lançado em janeiro de 2017 em circuito nacional.

Apoiado na presença do maior mito masculino do cinema brasileiro desde Oscarito, o clown de cara limpa chamado Renato Aragão, *Os saltimbancos Trapalhões: Rumo a Hollywood* carrega, por baixo de sua casquinha crocante de encantamento, um frescor que faltava para irrigar o solo há anos esturricado do cinema infantojuvenil brasileiro. Há indícios de que esta seara – na qual Didi reinou soberano nas décadas de 1970 e 1980 – vai verdejar de novo, sob esforços como o da franquia Carrossel, do vindouro *Pluft, o fantasminha* (esperado para 2018), e, agora, com o picadeiro erguido com delicadeza por Tikhomiroff, diretor de publicidade mais premiado no país e que passou a cineasta em 2009, com *Besouro*, que lhe valeu aplausos no Festival de Berlim. A maior contribuição que esta mistura azeitada de aventura, comédia, música e circo dá ao público infantil do circuito nacional está em sua aposta no lúdico, devolvendo às nossas telas um lirismo nas raias do onírico, coerente com o imaginário

Dedé e Renato recebem instruções do diretor João Daniel Tikhomiroff na filmagem de *Os saltimbancos Trapalhões: Rumo a Hollywood.*

universal da infância (não importa a que geração ela pertença, seja a infância pé na terra ou a infância conectada via web) e com o imaginário do cinema. Aliás, é aí que vive a beleza maior deste filme que amplia de forma substancial e poética – tal como raramente se viu – a figura de Didi, para além de sua faceta chapliniana: apoiado no roteiro de Mauro Lima (diretor de *Meu nome não é Johnny*), Tikhomiroff presta um tributo ao encanto do cinema, começando pela homenagem a *Os saltimbancos* original, de 1981, numa intenção que já fica evidente no título "Rumo a Hollywood".

Não há como encarar o filme atual como um remake do clássico de J. B. Tanko, considerado pela crítica, com unanimidade, o mais inspirado momento de Renato Aragão nas telas. É um equívoco classificar o filme de Tikhomiroff como refilmagem da fita dos anos 1980, decalcada do espetáculo de Chico Buarque, Luis Bacalov e Sérgio Bardotti, até porque, nesse meio-tempo, houve em 2014 um musical homônimo para os palcos, urdido pela dupla Charles

Möeller e Cláudio Botelho, com distanciamento histórico e estético do que havia sido feito três décadas antes. O filme atual também não deve ser visto como uma adaptação da peça. Ele é um procedimento distinto, e mais sofisticado, que seria melhor definido como uma "revisitação", um conceito comum à teoria literária para romances que retomam obras anteriores e que foi aplicado no cinema por Manoel de Oliveira no rascante *Belle Toujours* (2006) ao "revisitar" *A bela da tarde* (1967), de Buñuel.

Em *Os saltimbancos Trapalhões* (1981), os quatro clowns obrigavam uma atriz (Lucinha Lins) a fazer um espetáculo sob a ameaça de um mágico trapaceiro. Lá, Didi (Aragão) era o Chaplin de sempre: o desgarrado, sem pertencimento, que faz do torto a linha reta para os outros. Já em *Rumo a Hollywood*, cuja sequência de abertura é uma antológica (e hilária) tiração de sarro com o Oscar e a cobertura da festa da Academia de Artes e Ciências Cinematográficas, Didi tem outra posição: sem perder a natureza picaresca, este Pedro Malasartes de Sobral achou um lugar e um status que nunca teve, o de autor. Ainda é a encarnação do terceiromundismo, continua excluído, segue humilhado; mas não é mais o anjo errante a contemplar a história com olhos de cão abandonado. Agora é respeitado como alguém que faz. Todos no circo enxergam nele um oráculo e, para a estrutura dramatúrgica montada por Lima/Tikhomiroff, o protagonismo dele é claro e absoluto: na narrativa, a jornada a ser cumprida é dele, a correção a ser alcançada também (ao pobre caberá o Reino do Céu).

Já Dedé, também de volta, desempenha (bem) o papel de comentador, fazendo réplicas, tréplicas e troças das palavras de seu amigo. Numa condição de "oponente", de doce oponente, entra o eterno Sargento Pincel, o comediante Roberto Guilherme, para ser o Barão, tendo à sua direita (mas uma direita do Mal) o atirador de facas Satã (Marcos Frota) e a *femme fatale* Tigrana, confiada a uma inspiradíssima Alinne Moraes, que usa e abusa de suas ferramentas cênicas e cômicas. E há um vilão bem definido, que, não fosse pelo carisma desmesurado de Renato Aragão, perigava roubar o filme para si: Nelson Freitas, brilhante na pele e no sotaque caipirão do prefeito Aurélio Gavião, o elemento que introduz a corrupção e questões mais contemporâneas (expropriação de terras, mamatas) no idílico universo dos Trapalhões...

Em *Os saltimbancos* de Tanko havia uma relação platônica de amor entre Didi e Karina, que volta aqui bem defendida por Letícia Colin, cuja inteligência cênica reduz na medida certa os coeficientes trágicos e melodramáticos, fazendo da mocinha uma heroína mais contemporânea. Karina é uma administradora recém-formada que volta ao circo para reaver o aconchego do abraço do pai, o Barão, e o colo do amigo Didi, que a enxerga com carinho paternal. Os componentes românticos foram concentrados no enrabichamento de Karina pelo motoqueiro Frank (o ótimo Emílio Dantas, retomando um tom épico que talhou para si no subestimado filme *Leo e Bia*) e na paixão da jovem Luiza (Lívian Aragão, com um jeitinho Meg Ryan de sorrir) por um acrobata recém-chegado (Rafael Vitti). Com o amor no lugar certo, há espaço de sobra - mas na medida, graças à montagem lépida de Letícia Giffoni - para que a trama se desdobre no embate de Didi para tirar o circo do vermelho, debelando os esquemas de Gavião.

No ambiente circense, a direção de arte de Cláudio Amaral Peixoto se lambuza nas cores para criar um ambiente vivo, com as sombras de nostalgia da era de ouro dos espetáculos de picadeiro. Já as cenas de Gavião têm uma ambientação com elementos mais ocres, de cores saturadas, retratando o peso trágico daquela figura nefasta. Tudo isso sobressai na fotografia de Hélcio Nagamine, o "Alemão", uma das mais inspiradas deste artista da lente que já dera o melhor de si em *Se Deus vier, que venha armado* (2013). Nagamine rompe com o pacto de realismo patente no visual dos filmes clássicos dos Trapalhões. Este *Os saltimbancos Trapalhões: Rumo a Hollywood* não busca o real, e sim o sonho, usando a ilusão do cinema como sua matéria-prima, fazendo jus a seu moto primeiro: a figura de Renato Aragão. Afinal de contas, se existe um sinônimo pro verbo "sonhar", típico do cinema brasileiro, foi Renato Aragão que o inventou.

Pulp Fiction

Conversar sobre a história do cinema com Renato Aragão é falar sobre Quentin Tarantino, pois poucos filmes impressionaram tanto e tão bem o nosso astro de 50 longas-metragens quanto *Bastardos inglórios* (2009). É recorrente o papo sobre como o cineasta do Tennessee recriou a Segunda Guerra sob uma ótica tão cartunesca – e revanchista – quanto a da tropa de mercenários judeus que injetam horror no coração dos nazistas pelo emprego de técnicas violentas. É o filme preferido do trapalhão em décadas recentes, em especial pela presença de seus dois atores mais queridos. O austríaco Christoph Waltz, ganhador do Oscar de melhor ator coadjuvante pelo papel do carrasco da SS Hans Landa, é um deles. Basta seu rosto aparecer em algum cartaz para que Renato tenha curiosidade para vê-lo em cena e, depois, aplaudi-lo. Seja numa sala de cinema, seja em casa.

O segundo xodó de Renato, agora entre as estrelas, merece um capítulo à parte, mas com discrição, para não despertar os ciúmes (ainda que virtuais) de sua mulher Lilian, uma vez que só na telona o marido viu sua "ídola", a atriz alemã Diane Kruger. Desde que a conheceu na pele da mítica (e homérica) Helena em *Troia* (2004), de Wolfgang Petersen, o trapalhão virou fã do seu estilo de atuar. Não perde nenhum de seus filmes, mas sempre destacando o desempenho dela como a diva (e espiã) germânica Bridget von Hammersmark, no filme de Tarantino. Guarda como um troféu o autógrafo dela num álbum promocional sobre o drama *Em pedaços* (*In The Fade*), do diretor teuto-turco Fatih Akin, pelo qual ela recebeu o prêmio de Melhor Interpretação Feminina em Cannes. O autógrafo veio de lá, colhido pelo autor deste livro que você tem em mãos para Renato, como mimo ao amigo. Mimo que deixa Lilian brava, mas com doçura.

Tarantino ainda povoa o imaginário de Renato pela via do bangue-bangue. *Django livre* (2012) também despertou a admiração cinéfila do trapalhão ao mostrar Jamie Foxx (Django) na cola do latifundiário Leonardo DiCaprio, que escraviza sua mulher. Ali, de novo, vemos Christoph Waltz brilhar, a tal ponto que ganhou o Oscar pelo papel do caçador de recompensas King Schultz, de passagem pelo Velho Oeste.

Fora Tarantino, outro cineasta que encanta Renato por seus procedimentos narrativos é Steven Spielberg, sobretudo em *A Lista de Schindler* (1993). "Fico sempre muito surpreso quando lembro desse filme, pela maneira como ele consegue condensar o trágico ao longo de três horas, ao retratar o horror de que os judeus foram vítimas nas garras dos nazistas", diz Renato, encantado com o refinamento do preto e branco na fotografia de Janusz Kamiński, a quem o realizador de *O resgate do soldado Ryan* (1998) define como "meu braço direito e meu olho esquerdo".

Menino ainda, em Fortaleza, além de se encantar com Chaplin, Oscarito e Carmen Miranda, o pequeno Renato ficou fascinado pelas cores da América conflagrada em *...E o vento levou* (1939), torcendo para que Rhett Butler (Clark Gable) dobrasse a fera Scarlett O'Hara (Vivien Leigh). E, por falar em clássicos, *A noviça rebelde* (1965) é, para Aragão, o clássico definitivo.

Charles Chaplin (1889-1977) é um dos ícones de Renato: um adorável vagabundo dos tempos modernos do humor.

E em matéria de humor? Jerry Lewis é o seu predileto. Assistiu a quase tudo do comediante e cineasta, tentando aprender e até incorporar parte dos movimentos corporais do ator e cineasta de sucessos como *O terror das mulheres* (1961). Dos cineastas brasileiros que fizeram sucesso em outras línguas e territórios, José Padilha, ganhador do Urso de Ouro no Festival de Berlim, em 2008, com *Tropa de elite*, é um dos preferidos de Aragão. Sempre que pode, ele liga para o amigo, para papear sobre os rumos do Brasil.

Ah... a *Mulher-Maravilha* de Patty Jenkins – fenômeno popular de 2017, cuja renda global totalizou 821 milhões de dólares ao longo de sua carreira em circuito – também o deixou encantado pelo uso de efeitos especiais. "É impressionante como os efeitos especiais são bem-feitos e como parecem realistas as sequências da ilha Paraíso", diz Renato, que também ficou impressionado com o desempenho da atriz israelense Gal Gadot no papel de Princesa das Amazonas. "Ela leva muito bem a personagem, recriando o clima dos super-heróis de quadrinhos da minha adolescência."

Longas-metragens com Renato Aragão

Na onda do iê-iê-iê, 1966
Os amigos Didi (Renato Aragão) e Maloca (Dedé Santana) ajudam o cantor César Silva (Silvio César) a se apresentar no programa de calouros do Chacrinha, a concorrer num festival de música e a conquistar a filha do dono de uma gravadora, evitando que outro se case com ela apenas pelo dinheiro.

Adorável trapalhão, 1967
Epitácio (Renato Aragão) é o empregado faz-tudo de um empresário musical viúvo e com três filhos. Decidido a arranjar uma esposa para o patrão, ele promove uma aproximação com a professora das crianças, também aspirante a cantora.

Dois na lona, 1968
Renato e Ted Boy Marino são humildes mecânicos que namoram duas primas ricas. Bom de luta, Ted é convidado a entrar num campeonato de luta livre, mas apostadores sequestram a namorada de Ted para manipular o resultado da luta final. Cabe a Renato salvar a amada do amigo.

A ilha dos paqueras, 1969
Para paquerar modelos que viajam num cruzeiro de luxo, Didi, Dedé e o comandante do navio simulam um naufrágio e acabam numa ilha, sem saber que o lugar serve de esconderijo para um bando de contrabandistas.

Bonga, o vagabundo, 1971
Bonga (Renato Aragão) vive pelas ruas e aplica pequenos golpes para sobreviver. A fim de ajudar Sônia, sua paixão, ele a leva para morar em sua casa, mas seu amigo milionário, cuja família quer muito que se case, se apaixona pela moça.

Ali Babá e os quarenta ladrões, 1972
Ali Babá (Renato Aragão) só quer sombra e água fresca. Expulso da casa do irmão Cassim (Dedé Santana), ele se apaixona por Rosinha (Elza de Castro), que ficou paralítica no circo do pai. Precisando de dinheiro para que ela faça uma cirurgia, Ali Babá descobre um depósito de mercadorias roubadas por quarenta ladrões.

Aladim e a lâmpada maravilhosa, 1973
Aladim (Renato) ganha a vida vendendo um elixir milagroso com Marina (Monique Lafond), irmã de Dracolin (Dedé). Embora tenha um anel com o poder de convocar o gênio de uma lâmpada mágica, capaz de realizar desejos, ele não sabe disso. Mas os perigosos bandidos de Jamal (Lutero Luiz) sabem e estão atrás do anel.

Robin Hood, o trapalhão da floresta, 1974
Zé Grilo (Renato) precisa ficar no lugar de Robin Hood para salvar a bela Catarina (Monique Lafond), por quem está apaixonado, das maldades do fazendeiro e tio João Climério (Jorge Cherques), que pretende tomar as terras da sobrinha. Para isso, ele é ajudado pelo amigo Willie (Dedé), por uma varinha mágica e uma pena protetora.

O trapalhão na ilha do tesouro, 1975
Zé Cação (Renato) e Lula (Dedé) encontram a pilhagem de uma quadrilha de contrabandistas perseguidos pelo agente Carlos (Mário Cardoso) e ficam em perigo, além de se verem às voltas com o pirata Long John Silver (Edson Guimarães), que está à procura de um mapa do tesouro escondido numa ilha próxima da Pensão dos Pescadores, onde vive a bela Diana (Eliane Martins).

Simbad, o marujo trapalhão, 1976
Kiko (Renato) e Duda (Dedé) trabalham num circo. Confundido com o trapezista Simbad, Kiko é raptado pelos asseclas do mágico Ali Tuffi (Carlos Kurt), que deseja encontrar a pedra filosofal para se tornar muito rico. Mas todos acabam na ilha repleta de perigos onde a pedra está escondida.

O trapalhão no planalto dos macacos, 1976
Conde (Renato) e Alex (Dedé) são confundidos pelo guarda Azevedo (Mussum) com perigosos assaltantes de joalherias. Fugindo, acabam voando num balão que os deixa em uma terra na qual os macacos dominam os humanos.

O trapalhão nas minas do rei Salomão, 1977
Pilo (Renato), Duka (Dedé) e Fumaça (Mussum) ganham a vida em brigas de mentira em praças públicas. Achando que são corajosos, Glória (Monique Lafond) os contrata para salvar o pai, o arqueólogo Aristóbulo (Carlos Kurt), numa perigosa expedição às minas do rei Salomão.

Os Trapalhões na guerra dos planetas, 1978
Os Trapalhões são convidados pelo príncipe Flick (Pedro Aguinaga) e por Myrna (Christina Rocha), que vieram à Terra num disco voador, para ajudá-los a lutar contra Zuco (Carlos Bucka), empenhado em dominar o Universo.

Cinderelo trapalhão, 1979
Cinderelo (Renato) mora no interior e vive pelas ruas junto com o bode Gumercindo. Depois de demonstrar sua coragem, se junta a Dedé, Mussum e Zacarias para ajudar o jovem Davi (Paulo Ramos) contra o Coronel Dourado (Francisco Dantas), um fazendeiro de olho no petróleo que há nas terras da família.

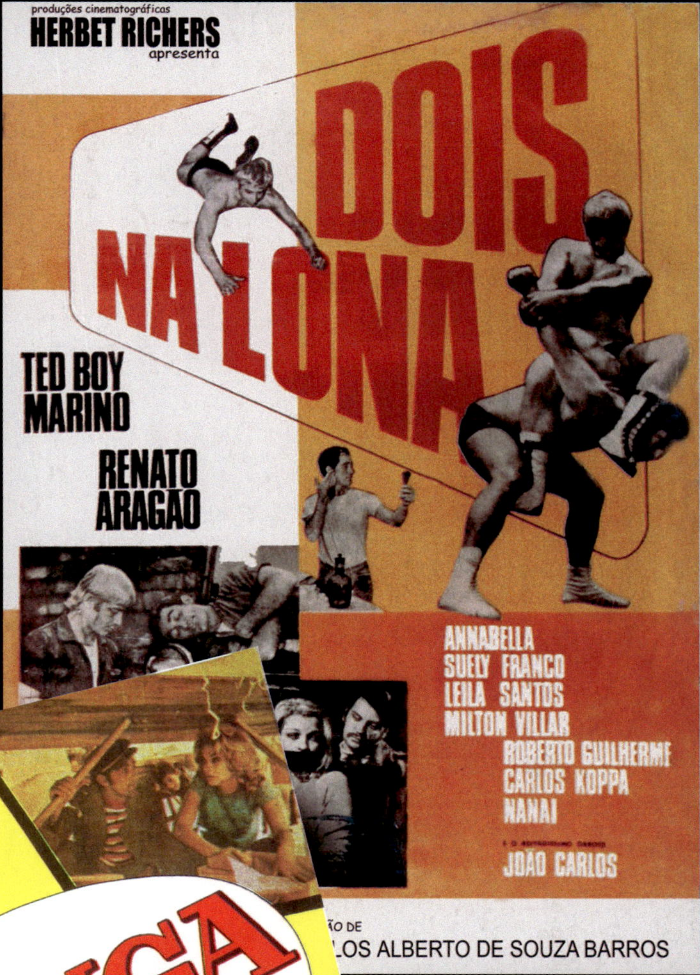
produções cinematográficas
HERBET RICHERS
apresenta
DOIS NA LONA
TED BOY MARINO
RENATO ARAGÃO
ANNABELLA
SUELY FRANCO
LEILA SANTOS
MILTON VILLAR
ROBERTO GUILHERME
CARLOS KOPPA
NANAI
JOÃO CARLOS
ÃO DE
LOS ALBERTO DE SOUZA BARROS

RENATO ARAGÃO
PRODUÇÕES APRESENTA
LIVRE/COLORIDO
BONGA
o Vagabundo
COMÉDIA INFANTIL
RA 002
ORIGINAL EM NTSC
COM
RENATO ARAGÃO

J.B.TANKO FILMES e
ATLÂNTIDA CINEMATOGRÁFICA
apresentam
Renato Aragão
Dedé Santana
Robin Hood
o trapalhão
da floresta
colorido
MONIQUE LAFOND · JORGE CHERQUES
OLIVIA PINESCHI · MILTON VILLAR
MARIO CARDOSO · FRANCISCO DANTAS
Música · EDINO KRIEGER · Fotografia · ANTONIO GONÇALVES
Produtor Associado · GILVAN PEREIRA
Produção · J. B. TANKO FILMES · ATLANTIDA CINEMATOGRÁFICA
UM FILME DE
J. B. Tanko

J.B.TANKO FILMES
O TRAPALHÃO
NA ILHA DO TESOURO
RENATO ARAGÃO
DEDÉ SANTANA
um filme de
J.B.TANKO
ELIANE MARTINS ZENI PEREIRA
MARIO CARDOSO RAFAEL DE CARVALHO
EDSON GUIMARÃES GERMANO FILHO
JOTA BARROSO EDUARDO ANTONIO
COLORIDO

J.B.TANKO FILMES apresenta
O TRAPALHÃO
no planalto dos macacos
LIVRE
Renato Aragão
Dedé Santana - Mussum
um filme de J.B. Tanko
Carlos Kumstat - Milton Carneiro
Alan Fontaine - Rosina Malbouisson
Olivia Pineschi - Fátima Leite
Fotografia - Antonio Gonçalves Música - Grupo Gôta D'agua
Produção - J.B.TANKO FILMES
COLORIDO

RENATO ARAGÃO PRODUÇÕES apresenta
OS TRAPALHÕES
NA GUERRA DOS PLANETAS
RENATO ARAGÃO
Dedé Santana Mussum Zacarias
PEDRO AGUINAGA
Arlete Moreira Wilma Dias Tereza Mascarenhas Risa
Maria Cristina Emil Rached Carlos Kurt
Roteiro RENATO ARAGÃO Efeitos Especiais PAULO NETTO - ESTOESSEL Musica BETO STRADA Distribuição ART-4
Fotografia ANTONIO MOREIRAS - CUSTÓDIO SANTOS - PEDRO PELICANO Direção ADRIANO STUART

RENATO ARAGÃO PRODUÇÕES apresenta
RENATO ARAGÃO
DEDÉ SANTANA
ZACARIAS
MUSSUM
Cinderelo Trapalhão
SILVIA SALGADO
PAULO RAMOS
MAURICIO DO VALLE
FRANCISCO DANTAS
CARVALHINHO
CRISTINA ROCHA
CARLOS KURT
participação especial - HÉLIO SOUTO
LIVRE/Colorido
dir de fotografia - ANTONIO MELIANDE música - BETO STRADA produtor executivo - ANTONIO RANGEL PEREIRA (Dei) distribuição UCB
argumento e roteiro - RENATO ARAGÃO diretor de produção - HÉLIO RIBEIRO direção ADRIANO STUART

O rei e os Trapalhões, 1979
Abdul (Renato), Abel (Dedé), Abol (Mussum) e Abil (Zacarias) são ladrões numa cidade do Oriente. Quando o malvado vizir Jafar (Carlos Kurt) toma os domínios do jovem rei Amad (Mário Cardoso), este é aprisionado juntamente com os quatro Trapalhões. Todos fogem, mas, com a ajuda de uma lâmpada mágica, o vilão manda os ladrões para o século XX.

Os três mosquiteiros Trapalhões, 1980
Os três mosquiteiros (Dedé Santana, Mussum e Zacarias) têm a missão de recuperar um colar de esmeraldas para salvar a fábrica do Dr. Luís (Jorge Cherques). Zé Galinha (Renato), pobre que mora no galinheiro, se oferece para ajudar na recuperação da peça.

O incrível monstro trapalhão, 1980
O sonho do Dr. Jegue (Renato) era ser um super-herói como o Super-Homem. Mas o que ele descobre é como fazer um combustível de carros a partir do marmeleiro. Ele testa a fórmula numa corrida no autódromo de Interlagos, mas, ao enfrentar o vilão Hugo (Eduardo Conde), acaba se transformando numa estranha criatura.

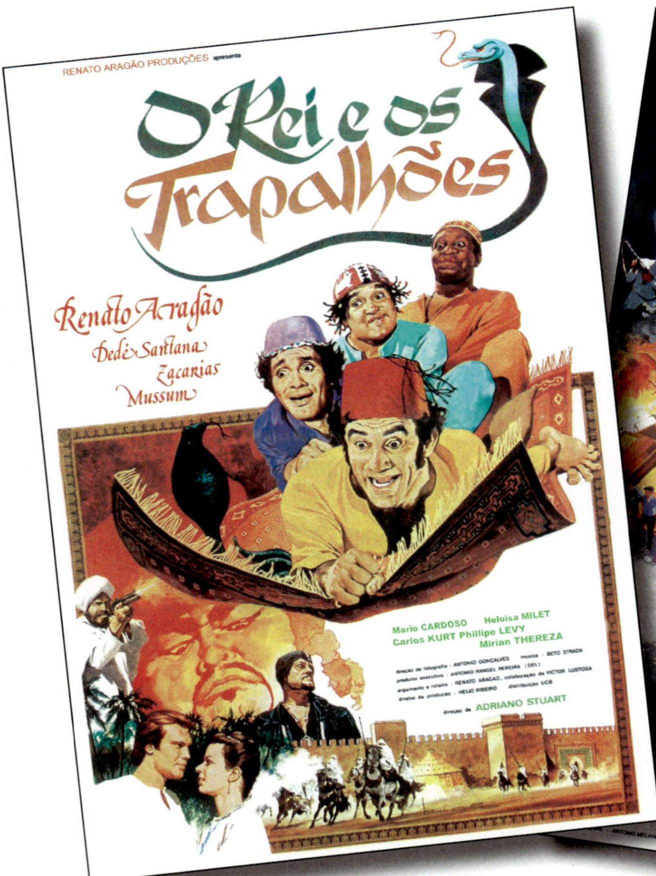

O mundo mágico dos Trapalhões, 1981
Documentário sobre a trajetória do grupo que se tornou o filme de não ficção de maior bilheteria da história do cinema nacional, visto por cerca de 1,8 milhão de pessoas.

Os saltimbancos Trapalhões, 1981
Maior cult da carreira do grupo, embalada por canções de Chico Buarque, esta produção acompanha a transformação que Didi e sua trupe de amigos causam em um circo tradicional com sua capacidade de fazer o público rir. Apesar da resistência do Barão Bartholo (Paulo Fortes), o dono da lona, eles se tornam uma atração, ao lado da filha do proprietário, Karina (Lucinha Lins). O sonho com a fama termina por levá-los a Hollywood, enquanto o circo sofre um golpe tramado por um mágico.

Os vagabundos Trapalhões, 1982
O maltrapilho Bonga (Renato) vive com os amigos e a namorada Loló (Louise Cardoso) em uma caverna, onde cuidam de crianças desamparadas. Um dia, recebem um menino rico, Pedrinho, que fugiu de casa frustrado com a indiferença do pai. Este oferece um resgate milionário a quem lhe trouxer o garoto de volta, o que atrai a atenção de bandidos.

RENATO ARAGÃO PRODUÇÕES e EMBRAFILME apresentam
Os Saltimbancos Trapalhões
baseado na peça de CHICO BUARQUE, Sérgio Bardotti e Luis Bacalov Os Saltimbancos
RENATO ARAGÃO
Dedé Santana
Zacarias
Mussum
Lucinha Lins
Mário Cardoso
Paulo Fortes
Eduardo Conde
Mila Moreira
um filme dirigido por
J.B.Tanko
distribuição
EMBRAFILME
participação especial IVAN LINS • músicas de CHICO BUARQUE DE HOLLANDA • SERGIO BARDOTTI • LUIS BACALOV • fotografia ANTONIO GONÇAL

RENATO ARAGÃO PRODUÇÕES
apresenta
OS VAGABUNDOS TRAPALHÕES
RENATO ARAGÃO
DEDÉ SANTANA
MUSSUM
ZACARIAS
LOUISE CARDOSO DENISE DUMMONT
EDSON CELULARI CARLOS KURT FERNANDO JOSÉ
FABIO VILA VERDE como PEDRINHO
part. especial ROGÉRIO FRÓES THELMA RESTON GRACINDA FREIRE
argumento RENATO ARAGÃO roteiro GILVAN PEREIRA
música SIVUCA
WANDO
GLORINHA GADELHA
RENATO ARAGÃO
fotografia ANTONIO GONCALVES
produtor executivo Antonio Rangel Pereira (DEL)
distribuição UCB HAWAI
um filme dirigido por J.B.TANKO

RENATO ARAGÃO PRODUÇÕES apresenta
OS TRAPALHÕES NA SERRA PELADA
RENATO ARAGÃO
DEDÉ SANTANA
ZACARIAS MUSSUM
argumento RENATO ARAGÃO
produtor executivo DEL

PRODUÇÕES apresenta
O CANGACEIRO TRAPALHÃO
RENATO ARAGÃO
DEDÉ SANTANA
ZACARIAS
MUSSUM
e REGINA DUARTE
em um filme de
DANIEL FILHO
diálogos CHICO ANÍSIO
JOSÉ DUMONT
participações especiais
LUTERO LUIZ
TANIA ALVES
DANIELE CRISTINE
BRUNA LOMBARDI
e NELSON XAVIER como Capitão
argumento DOC COMPARATO e AGNALDO SILVA
música-tema
RITA LEE e ROBERTO CARVALHO
trilha sonora GUTO GRAÇA MELO
diretor de fotografia EDGAR MOURA
produtor executivo DEL

Os Trapalhões na serra Pelada, 1982
A fim de saírem da miséria, Curió (Renato) e seus amigos se enfurnam no maior garimpo da América Latina, comandado por um gringo corrupto, em meio aos esforços de bandidos para prejudicar um garimpeiro honesto que aguarda a chegada do filho.

O cangaceiro trapalhão, 1983
Após salvar o bando do temido cangaceiro Capitão (Nelson Xavier) de uma emboscada, Severino do Quixadá (Renato), um pastor de cabras, acaba sendo usado por esse quase Lampião. Devido à semelhança física, o rapaz vira um dublê de cangaceiro, esbarrando com uma mulher-lagartixa e com uma galinha de ouro.

O trapalhão na arca de Noé, 1983
Funcionário exemplar de um zoológico e notório por seu amor aos bichos, Duda (Renato) é convocado pelo misterioso Noé para salvar os animais do Pantanal.

Os Trapalhões e o Mágico de Oróz, 1984
Impelidos pelos roncos de fome na barriga, os amigos Didi, Soró (Arnaud Rodrigues) e Tatu (José Dumont) partem para a cidade, em meio a peripécias e perigos, numa busca que possa levá-los ao Mágico de Oróz (Dary Reis). Este é capaz de fazer chover no Nordeste. No caminho, encontram um Espantalho (Zacarias) abandonado que quer ter um cérebro. Depois descobrem o Homem de Lata (Mussum), que carece de um coração, e esbarram com o Delegado Leão (Dedé), cujo mal é a covardia.

A filha dos Trapalhões, 1984
Os Trapalhões têm uma vida muito difícil e moram num barco. Certo dia, topam com uma bebezinha abandonada e decidem criá-la como se fosse deles. Mais tarde, quando começam a trabalhar no circo, descobrem que a criança era filha da trapezista e havia sido roubada por uma quadrilha, que a queria de volta.

Os Trapalhões no reino da fantasia, 1985
Para salvar da falência o orfanato dirigido por Irmã Maria (Xuxa Meneghel), os Trapalhões resolvem fazer um espetáculo, mas o dinheiro que conseguem é roubado. Didi, Dedé e Irmã Maria vão ao Beto Carrero World a fim de perseguir os bandidos, enquanto Mussum e Zacarias continuam com o show.

Os Trapalhões e o Rei do Futebol, 1986
No Independência Futebol Clube, Cardeal (Renato) e os auxiliares Elvis (Dedé), Fumê (Mussum) e Tremoço (Zacarias) comandam uma reação que faz o time disputar o título mundial. No entanto, o candidato da oposição à presidência do clube não quer que o time ganhe. Para ajudar, entra em ação o Rei do Futebol.

Os Trapalhões no rabo do cometa, 1986
Sintonizada com as experiências de fusão de *live action* e animação da indústria dos desenhos dos anos 1980, esta aventura gráfica do quarteto foi um experimento que brinca com viagens no tempo. Perseguidos por um bruxo, os Trapalhões embarcam numa jornada pela História, da Pedra Lascada ao início do século XX, passando pela Idade Média e pelo Velho Oeste.

Os Trapalhões no Auto da Compadecida, 1987
João Grilo (Renato) e Chicó (Dedé Santana) vivem armando confusões em Taperoá, onde todos se curvam aos desmandos do bispo (Renato Consorte), do padre (Emmanuel Cavalcanti) e do major (Raul Cortez), até que o cangaceiro Severino (José Dumont) surge na cidade, todos morrem e precisam enfrentar um julgamento no céu.

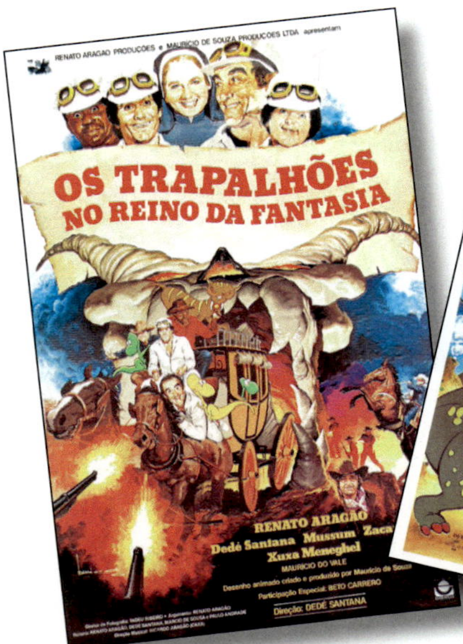

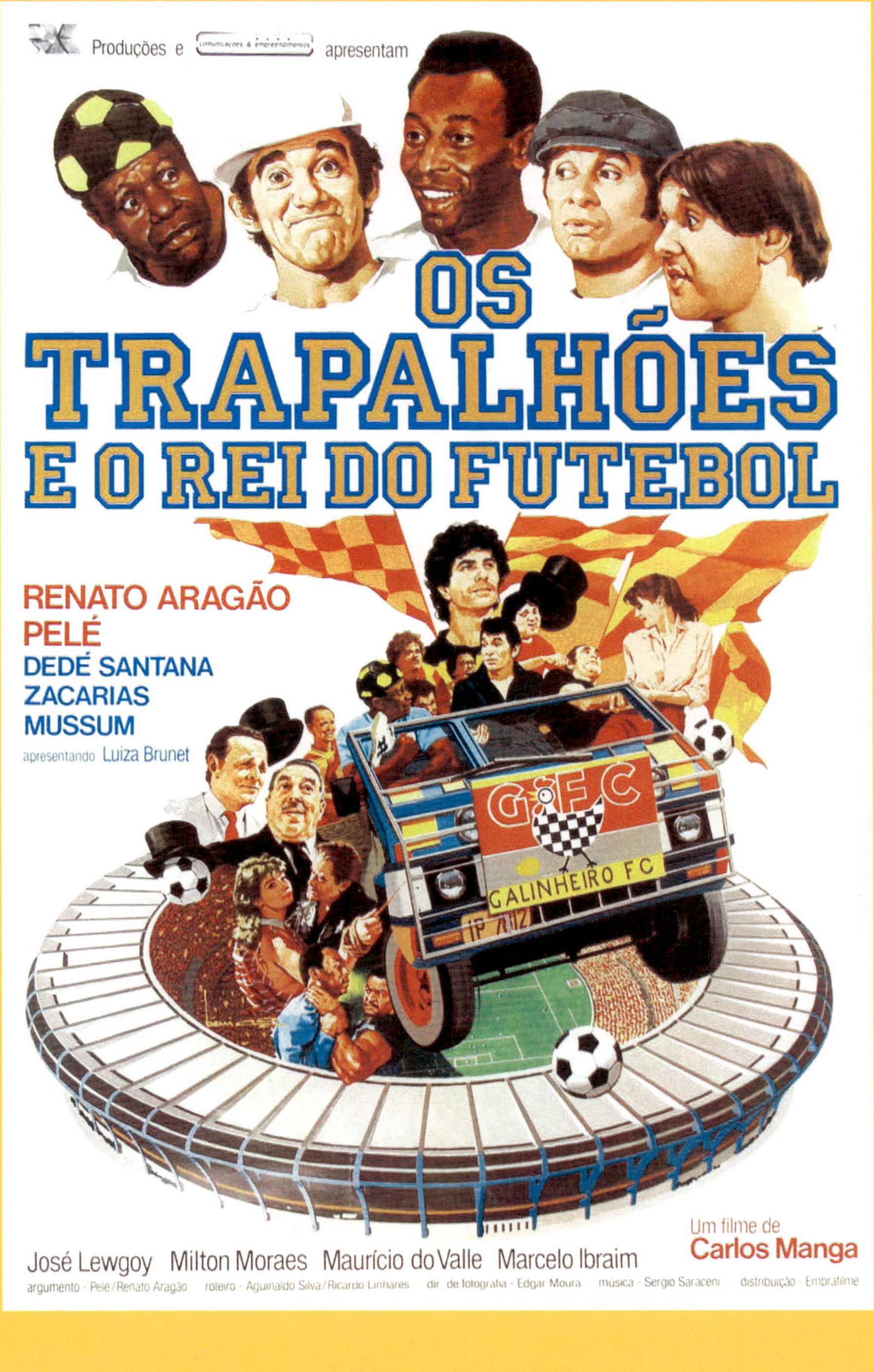
Produções e comunicações & empreendimentos apresentam
OS TRAPALHÕES E O REI DO FUTEBOL
RENATO ARAGÃO
PELÉ
DEDÉ SANTANA
ZACARIAS
MUSSUM
apresentando Luiza Brunet
GFC
GALINHEIRO FC
Um filme de
Carlos Manga
José Lewgoy Milton Moraes Maurício do Valle Marcelo Ibraim
argumento · Pele/Renato Aragão roteiro · Aguinaldo Silva/Ricardo Linhares dir. de fotografia - Edgar Moura música · Sergio Saraceni distribuição · Embrafilme

OS TRAPALHÕES
no Auto da Compadecida
BASEADO NA PEÇA "O AUTO DA COMPADECIDA" de ARIANO SUASSUNA
Renato Aragão
Dedé Santana
Mussum
Zacarias
JOSÉ DUMONT
RENATO CONSORTE
LUIZ ARMANDO QUEIROZ
BETTY GOFFMAN
CLAUDIA GIMENEZ
EMANOEL CAVALCANTI
SANDRO SOLVIATI
MARINHO BARBOSA
e
RAUL CORTEZ
diretor de fotografia - Walter Carvalho
um filme de
Roberto Farias
produção de R.A.Produções - Produções Cinem. R.F. Farias - Demusa - Embrafilme
NACIONAL
DEMUZA
distribuição
EMBRAFILME

Os fantasmas Trapalhões, 1987
Didi, Dedé, Mussum e Zacarias vendem artesanato na beira da estrada até que, antes de morrer, o velho Giovanni (Wilson Grey) revela o esconderijo de uma fortuna. Com a ajuda do delegado Augusto (Gugu Liberato), os quatro saem em busca do dinheiro num castelo assombrado e conseguem a ajuda do fantasma Nicolas (Paulo Porto).

Os heróis Trapalhões, 1988
Na Amazônia, o lunático Rei (Geraldo Del Rey) rapta a filha de um ministro do Exército (Angélica) e faz uma série de exigências, ameaçando explodir a floresta. Presos acidentalmente, Didi, Dedé, Mussum e Zacarias são enviados numa missão de resgate.

O casamento dos Trapalhões, 1988
Os irmãos Didi, Dedé, Mussum e Zacarias vivem numa fazenda bagunçada e cheia de animais. Didi resolve se casar e conhece a noiva numa briga de bar. Quando os sobrinhos de Didi vêm visitar o tio e cantar numa festa, os outros irmãos também resolvem sair do time dos solteiros. Mas as famílias das moças acham que as noivas dos Trapalhões foram sequestradas.

A princesa Xuxa e os Trapalhões, 1989
Depois da morte do imperador, o vilão Ratan (Paulo Reis) conquista o poder no planeta Antar. Dentro do palácio, a princesa Xaron (Xuxa Meneghel) pensa que todos são felizes. Do lado de fora, os príncipes Mussaim (Mussum), Zacaling (Zacarias) e Dedeon (Dedé Santana) se unem ao Cavaleiro Sem Nome (Renato) para combater Ratan.

RENATO ARAGÃO
DEDÉ SANTANA
MUSSUM
ZACARIAS
O CASAMENTO DOS
TRAPALHÕES
Com GRUPO DOMINÓ · NÁDIA LIPPI · MARLENE SILVA · TERESINNA ELISA · SUZANA MATOS
e apresentando LUCIANA VENDRAMINI · PATRÍCIA LUCHESI · TATIANA DELAMARE · HELGA GAHYVA
Participação Especial JOSÉ DE ABREU * ZEZÉ MACEDO e GUGU LIBERATO * Argumento RENATO ARAGÃO

RENATO ARAGÃO PRODUÇÕES ARTÍSTICAS
EMBRAFILME APRESENTAM
Os Trapalhões
NA TERRA DOS MONSTROS
RENATO ARAGÃO DEDÉ SANTANA MUSSUM ZACARIA
COM ANGÉLICA E CONRADO PARTICIPAÇÃO ESPECIAL GUGU LIBERATO E GRUPO DOMINÓ
APRESENTANDO VANESSA DE OLIVEIRA TOP MODEL DIJON
ATORES CONVIDADOS BENJAMIN CATTAN E GEÓRGIA GOMIDE
DIREÇÃO FLÁVIO MIGLIACCIO
FOTOGRAFIA NONATO ESTRELA ARTE YURIKA YAMASAKI
MÚSICA RICARDO ARAGÃO

PATROCÍNIO
DE
NESCAU
NESCAU
OS TRAPALHÕES apresentam
APOIO CULTURAL
Guaraná
ANTARCTICA
UMA
ESCOLA
ATRAPALHADA
apresentando
ANGÉLICA SUPLA e GRUPO POLEGAR
com RENATO ARAGÃO DEDÉ SANTANA MUSSUM ZACARIA
GUGU LIBERATO JANDIRA MARTINI EWERTON DE CASTRO
MARCELLO PICCHI CRISTINA PROCHASKA PAPY SIQUEIRA e NILL no papel de Técio
argumento PAULO ARAGÃO NETO e RENATO ARAGÃO direção produtor executivo RICARDO PINTO E SILVA
direção de fotografia WALTER CARVALHO ANTÔNIO RANGEL direção de som ROMEU QUINTO JUNIOR
roteiro LUIZ CARLOS GÓES trilha sonora JOTA MORAES montagem DOMINIQUE PARIS

PATROCÍNIO DE
NESCAU
OS TRAPALHÕES E
A ÁRVORE DA
JUVENTUDE
RENATO ARAGÃO - DEDÉ SANTANA - MUSSUM - CRISTIANA OLIVEIRA
ANDRÉA FARIA - CONRADO - NILL - DUDA LITTLE - RICARDO RANGEL - GLENDA KOZLOWSKY
DOMINIQUE SCUDERA - CARLOS LOFFLER - LUIS CLAUDIO - DUDA MONTEIRO - JOHN STANLEY
ARGUMENTO RENATO ARAGÃO ROTEIRO MAURO WILSON e PAULO ANDRADE DIREÇÃO DE ARTE MARCOS FLAKSMAN
MONTAGEM DIANA VASCONCELOS TRILHA MUSICAL JOTA MORAES SOM DIRETO CRISTIANO MACIEL
DIRETOR DE FOTOGRAFIA WALTER CARVALHO PRODUTOR EXECUTIVO MARCO ALTBERG PRODUÇÃO DENISE ARAGÃO
MÚSICA "NATUREZA" DE SULLIVAN & MASSADAS DIREÇÃO JOSÉ ALVARENGA JUNIOR

Os Trapalhões na terra dos monstros, 1989
No programa *Viva a noite*, de Gugu Liberato, Angélica ganha seu "sonho maluco": gravar um videoclipe. Quando o pai a proíbe, ela foge com o namorado. Dedé, Mussum e Zacarias contam com Didi para encontrá-los.

Uma escola atrapalhada, 1990
Um colégio com problemas financeiros recebe a proposta de uma imobiliária que quer construir no lugar um supermercado. A partir daí, tudo fica estranho entre os alunos, sobretudo com a chegada de novos colegas.

O mistério de Robin Hood, 1990
Didi é um Robin Hood moderno, que rouba de contrabandistas e agiotas e ajuda os necessitados. Ele mora perto do circo de Fredo (Dedé Santana) e Tonho (Mussum), e é apaixonado por Tatiana (Xuxa Meneghel), a filha de um mágico, além de cuidar da menina órfã Rosa (Duda Little).

Os Trapalhões e a árvore da juventude, 1991
Mussum, Dedé e Didi são guardas florestais bastante atrapalhados que vivem na Amazônia, onde lutam, de maneira nada ortodoxa, contra contrabandistas de animais e plantas raras. Com a ajuda de uma bela engenheira e de um grupo de estudantes, eles descobrem uma fonte que pode rejuvenescer quem bebe de sua água.

O noviço rebelde, 1997
Depois de um temporal destruir a igrejinha local, um noviço (Renato) tem de fugir porque um "coronel" (Roberto Guilherme) acha que ele tem informações sobre um mapa que leva a um grande tesouro. No Rio de Janeiro, acaba cuidando dos cinco filhos de um empresário viúvo (Tony Ramos).

Simão, o fantasma trapalhão, 1998
Querendo um fantasma só seu, um casal compra um castelo assombrado. Aí o motorista Didi provoca Simão, o fantasma do castelo. Mas Virgínia, a neta mais velha do casal, fica amiga dele, que lhe conta sobre um tesouro escondido no lugar.

O trapalhão e a Luz Azul, 1999
Didi encontra um cajado mágico que o transporta, junto com um amigo, para o reino mágico de Taniz, onde o asqueroso Vizir (Dedé Santana) quer ser dono do local e se casar com a princesa Allim (Christine Fernandes). Para salvar o reino, Didi precisa encontrar a Luz Azul, uma luz mítica e dotada de poderes mágicos.

Um anjo trapalhão, 2000
As coisas estão desanimadoras em Vila Esperança, um pequena vila no interior. Quando chega, às vésperas do Natal, o trapalhão Didi promete a visita do Papai Noel e a presença de Deus na noite de Natal para o sapateiro Zé e a filha dele, Teteia.

Didi, o cupido trapalhão, 2003
Nem Deus aguentou o anjo Didi. Para ficar no céu, ele precisa unir Romeu (Daniel), entregador de uma lanchonete, e Julieta (Jackeline Petkovic), filha de um importante político, o Dr. Poleto (Mauro Mendonça).

Didi quer ser criança, 2004
Didi, funcionário de uma fábrica de doces, é amigo do pequeno Felipe (Pedro Malta). Um quer voltar a ser criança para ajudar o patrão. O outro quer ser adulto para poder namorar. É quando pílulas mágicas aparecem e os desejos dos dois podem ser realizados.

Didi, o caçador de tesouros, 2006
Mordomo, Didi cuida de Pedrinho, seu grande companheiro de aventuras. Eles vão para um hotel abandonado para saber mais sobre o tenente Lucas, o avô do menino, considerado desertor da Real Força Aérea britânica por ter fugido para o Brasil com um carregamento de ouro roubado.

O cavaleiro Didi e a princesa Lili, 2006
Cavalariço e amigo do rei Lindolfo (Werner Schünemann), Didi (Renato) é muito querido pelo monarca e por sua filha Lili (Lívian Taranto Aragão). Mas o irmão do rei, Jafar (Alexandre Zacchia), o mata e quer casar Lili com seu filho Galante (Eike Duarte).

O guerreiro Didi e a ninja Lili, 2008
Quando um oficial é convocado para a guerra, ele coloca sua filha Lili aos cuidados de um mestre oriental para educá-la e iniciá-la nas artes marciais. O desaparecimento do pai da menina leva a jovem a retornar à Europa. Mas o guerreiro Didi vai junto, para protegê-la.

Os saltimbancos Trapalhões: Rumo a Hollywood, 2017
Desde a proibição de animais em espetáculos, uma crise financeira ameaça o Grande Circo Sumatra. O seu dono, o Barão (Roberto Guilherme) acaba aceitando fazer leilões de gado, comícios e outros eventos alternativos sob a lona, pressionado por um prefeito corrupto (Nelson Freitas). Mas um velho funcionário, Didi, com a ajuda da filha do Barão, a acrobata Karina (Letícia Colin), vão criar um novo número para tentar atrair um novo público para o circo. Versão do musical de Cláudio Botelho e Charles Möeller.

Paixões e curiosidades

Time de futebol de salão da Faculdade de Direito da Universidade Federal do Ceará, no fim da década de 1950: Renato jogava com a camisa 8.

Uma vez fui aconselhado, insistentemente,
por um amigo a fazer uma plástica para tirar umas
rugas do rosto. Confesso que fiquei confuso,
mas respondi mais ou menos assim: “Amigo, eu
levei muitos anos para criar estas rugas; se
elas saírem do meu rosto, não poderei mais
me aconselhar com elas diante do espelho.”

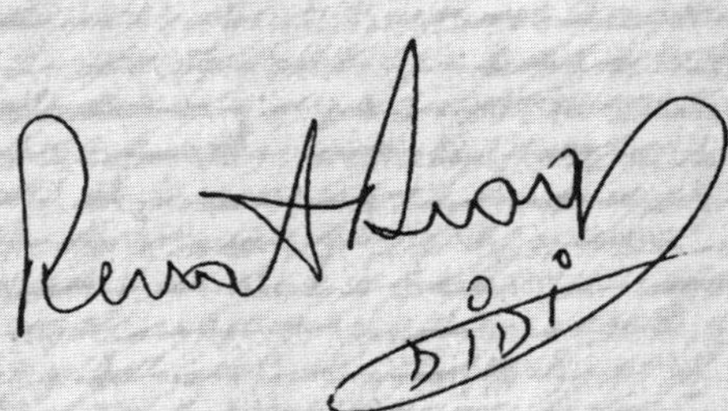

Gibi

Todos os ídolos cinematográficos da infância de Renato se foram – Carmen Miranda, Chaplin e Oscarito –, porém um de seus ícones quando o assunto é cultura pop segue firme, forte e ativo. É Stanley Martin Lieber, quadrinista mais conhecido como Stan Lee, famoso por criações como o Homem-Aranha, os X-Men e todos os clássicos Marvel. A figura inquieta (e até hoje criativa) de Stan, que aparece em todos os filmes associados à editora que ajudou a consagrar, causa admiração no também inquieto trapalhão, que enxerga nesse mito das HQs um exemplo de vida. Mais do que isso, Stan Lee renovou figuras que encantavam o Renato menino, entre elas Namor, o Príncipe Submarino.

Quando garoto, no Ceará, Renato devorava as aventuras subaquáticas do Senhor da Atlântida e admirava o empenho com que o herói

Criador de heróis como o Homem-Aranha e o Hulk, o quadrinista Stan Lee é um dos maiores ídolos de Renato na indústria da cultura pop.

tentava apaziguar a porção mutante em sua alma (P.S.: Se você não lê os gibis da Marvel, nunca viu os filmes dos X-Men e não passa nem perto de ser nerd, saiba que "mutante", segundo a lógica quadrinística, é quem nasce com um gene especial, chamado Fator X, que rende poderes a seus possuidores). Nas HQs dos anos 1940 – e em algumas dos anos 1990 e 2000 –, Namor chegou a empunhar o tridente para ajudar um amigo mascarado que o trapalhão também adorava em seus tempos de menino: o Capitão América. Naquela época, um herói do espaço, que circulava sob o selo da King Features Syndicate, o renascentista Flash Gordon, criado por Alex Raymond, também mexia com a imaginação do jovem Renato Aragão.

Mas, de todos os super-heróis, o que mais atiça sua saudade é o jovem Billy Batson, mais conhecido por seu alter ego mitológico, o Capitão Marvel, que singra os céus ao gritar um tonitruante "Shazam!", evocando os poderes dos deuses do Olimpo. As aventuras da Família Marvel alimentaram os ideais de heroísmo que Renato viria a usar nas peripécias do Didi. Uma estatueta de resina desse vigilante mágico, dada por um amigo, fica na sala do trapalhão como um souvenir do passado quadrinístico.

Renato fantasiado de super-herói em ensaio fotográfico de sua esposa, Lilian.

Quase um profissional da bola

Por pouco, a genialidade do humor de Renato Aragão nas telas brasileiras não se perdeu em favor dos campos de futebol. Aficionado pelo esporte e bom de bola, o cearense trapalhão tem uma autêntica paixão pela redondinha. Esta é uma longeva história de alegria e ousadia que começou ainda em Sobral.

A terra natal do vascaíno Renato Aragão é também o berço do Guarany Sporting Club, fundado em 2 de julho de 1938 em tributo a Antônio Guarany Mont'Alverne, o primeiro médico de Sobral nascido na cidade. O clube cearense usa as cores preto e vermelho e tem um escudo claramente inspirado no rival carioca do time vascaíno: o Clube de Regatas do Flamengo.

Entretanto, Renato Aragão era muito pequeno quando surgiu o time da cidade e não chegou a torcer pelo "Cacique do Vale", como é chamado o Guarany. Como o futuro trapalhão foi para Fortaleza aos 12 anos, seu interesse por futebol acabou brotando apenas nas transmissões radiofônicas dos jogos dos times cariocas. Ali seu coração foi conquistado pelos times da então Capital Federal, principalmente pelo Clube de Regatas Vasco da Gama, que, nesse período, foi responsável por trazer os negros para os times de futebol, vencendo o preconceito racial com o campeoníssimo "Expressinho da Vitória".

O jovem candidato a atacante chamava a atenção quando jogava. Dono de uma pequena quadra de futebol no quintal de casa em Fortaleza, ali disputava peladas ao lado do irmão Paulo contra vizinhos e colegas de escola. Ao entrar para a faculdade, um amigo chamado Cabeleira o chamou para fazer um teste no Gentilândia Atlético Clube, do qual era praticamente dono. "Quer virar profissional?", perguntou Cabeleira, que também era diretor de um jornal na capital cearense. A

Renato entre o diretor Carlos Manga e Pelé no Maracanã, em 1986, nas filmagens de *Os Trapalhões e o Rei do Futebol*.

dúvida surgiu na cabeça do jovem Renato. Gostava muito de futebol, mas o curso de Direito já era parte de uma estratégia planejada para a própria vida, da qual fazia parte o emprego, que conseguiu por concurso, como funcionário do Banco do Nordeste.

Por via das dúvidas, ele foi ao campo do Ceará, onde fez o teste e ficou com a certeza. Não só o técnico, mas todos ali gostaram do desempenho do atacante que chutava muito bem com a perna direita. Cabeleira confirmou a aprovação e foi logo dizendo que os treinos para os profissionais eram realizados duas vezes por semana e seriam acertados para acontecer logo depois da faculdade. Renato pensou, pensou e optou pela segurança financeira da carreira bancária. Encerrava-se ali a promissora trajetória futebolística de Renato Aragão. Isso não significa que ele tenha ficado longe da bola.

O futebol fez parte até do cotidiano de sua empresa, a RA. Como? Bom... entre o início da década de 1980 e a primeira metade dos anos 2000, Renato teve um complexo de estúdios – utilizados para a realização de seus filmes e também como locação para produtoras e para a TV Globo – em dois locais diferentes da Zona Oeste do Rio de Janeiro. O primeiro funcionou na avenida Ayrton Senna, de 1983 a 1992. O segundo funcionou na estrada dos Bandeirantes, de 1997 a 2004. Em ambos os espaços, Renato tratou de providenciar um campinho para peladas, no qual jogavam seis na linha e um no gol. A turma da pelada era composta pelos funcionários da empresa. E não tinha essa de jogar porque era o dono do campo. A vaga no time era conquistada na bola.

"O futebol está tão arraigado na vida do Renato que ele chegou a comprar uma parte do terreno da Granja Comari ao lado do campo onde a Seleção Brasileira se concentrava e treinava. Isso foi em 1980 e ficamos com essa posse até 1985", diz Paulo Aragão, irmão do trapalhão e administrador da RA. "Assim que comprou o lote dele no terreno da Granja, o Renato construiu um campinho lá dentro. Esse meu irmão gosta de bola... e desde garoto."

A alegria do esporte mais amado pelos brasileiros não era compartilhada por dois dos trapalhões. Nem Dedé nem Zacarias gostavam de jogar bola. O mineirinho nem sequer chegava perto do campinho de futebol society. Dedé, por sua vez, só entrava de vez em quando para completar o time. Do quarteto, o parceiro de futebol era Mussum. Este jogava. Estereótipo do brasileiro feliz, Mussum adorava bater bola, tomar uma cervejinha e comer um churrasquinho.

Em meados da década de 2000, Renato resolveu abrir mão dos estúdios e vender o terreno deles, mas continuou jogando regularmente até os 70 anos, quando aposentou as chuteiras. Outro parceiro de pelada foi o compositor Chico Buarque. Renato inclusive chegou a participar, por algumas vezes, das partidas do Polytheama, time de Chico. Em sua opinião, o astro da MPB e torcedor do Fluminense é, sem dúvida, um jogador de bola cheia.

Entretanto, no cinema, foi Didi o autor de um lance memorável no filme que os Trapalhões fizeram com Pelé, o Rei do Futebol. Nele é possível ver o trapalhão bater um escanteio, correr para cabecear e ainda fazer o gol!

O próprio Pelé atuou como goleiro nesse filme, que chegou aos cinemas em 1986. No lendário Maracanã, o Rei do Futebol dividiu o protagonismo em campo com Didi. Mas dividiu em alto estilo: protegendo o time do trapalhão, defendeu um pênalti e ainda fez um gol ao bater um tiro de meta aos 45 minutos do segundo tempo! Por falar em goleiro, a única coisa que Renato nunca quis foi jogar no gol. "Isso é coisa de gente grande, rapaz! Não tenho altura pra isso. Quero não!", insiste em dizer.

Futebol digno do *Canal 100*

Um dos principais divulgadores do futebol brasileiro, o cinejornal *Canal 100* foi fundado por Carlos Niemeyer em 1957. Ao longo de sua existência, registrou incontáveis jogos dos grandes clubes brasileiros e era exibido nos cinemas de todo o Brasil antes de cada sessão.

Ainda na década de 1950, a equipe do documentário acompanhou a Seleção Brasileira pela primeira vez campeã mundial na Suécia, registrando as primeiras atuações de Pelé e Garrincha. Durante cinquenta anos o *Canal 100* cobriu o futebol brasileiro, registrando em preto e branco e, depois, em cores não só as grandes partidas e decisões do esporte, mas também outros momentos históricos para o país. A construção de Brasília, o título de Éder Jofre no boxe, a inauguração da ponte Rio–Niterói e até mesmo a morte de Juscelino Kubitschek.

Nesse mesmo período, Renato Aragão estava descobrindo o cinema e o futebol. Além do deslumbramento com Oscarito, Charles Chaplin e Carmen Miranda, o jovem Renato se empolgava com a magia de Pelé, com os gols do seu Vasco da Gama e com a performance da Seleção Brasileira de Futebol. E, fazendo a ponte entre a telona e a paixão futebolística, havia o *Canal 100*. Entretanto, o maior cinejornal que já existiu no Brasil não fez a cobertura de uma partida antológica. Coube ao cineasta Silvio Tendler, num documentário de 88 minutos, acompanhar não só a trajetória dos Trapalhões, mas também cenas memoráveis de uma partida de futebol de salão (atualmente conhecido como futsal) na qual Didi, Dedé, Mussum e Zacarias fizeram de tudo – até mesmo gols! E com narração de outro craque: Chico Anysio.

Como uma partida dos Trapalhões não poderia ser um jogo comum, um dos primeiros lances memoráveis foi uma série de dribles de Didi, que só conseguiu ser parado, sem falta, quando seu calção desceu cintura abaixo, deixando-o de sunga e tropeçando na quadra, para riso solto das crianças que acompanhavam a partida. Em quadra, Zacarias reiterava a velha máxima de que quem não sabe jogar na linha vai para debaixo das traves. O mineirinho, que não gostava de futebol, levou um gol numa bola rasteira e não teve dúvidas, foi atrás do jogador adversário para lhe dar com as luvas na cabeça.

Em desvantagem no placar, os Trapalhões partiram para o ataque. Numa falta perto da área, Mussum jogou no chão a barreira adversária para que Didi chutasse com força de maneira a empatar o placar, sem dar chance para o goleiro adversário. Na comemoração ao melhor estilo clown, Didi e Dedé ficaram lado a lado e deram tapinhas na bunda um do outro. Alegria em forma de gol e humor. Tudo junto e misturado.

Noutra jogada na área, pênalti para o Trapa Team. E a batida perfeita de Didi, que continua até hoje na mente de milhões de brasileiros naquela época crianças. Ao chutar, ele não chegou a tocar na bola, mas seu tênis voou para longe do pé rumo ao lado direito do gol. O arqueiro adversário pulou e fez a defesa do tênis. Didi bateu colocado, calmamente, do outro lado, e assegurou a virada. Mussum, que sabia jogar, ficava "sassaricandis" com a pelota na defesa, dando passes de calcanhar e chamando a torcida para incentivar o time. Numa arrancada, ele fez um passe para Didi, que, de costas para o gol, levantou a bola, deu mais um toque para posicioná-la melhor e, de bicicleta, marcou um golaço, levando a torcida ao delírio. Esse tipo de gol, apesar de ser numa partida de exibição, só é feito por quem realmente sabe jogar bola.

Ao comemorar, Didi se empolgou, correu para a torcida e resolveu brincar com o juiz. Depois que o trapalhão foi expulso, o jogo descambou em pastelão. O juiz foi deitado no chão e teve os calções arrancados. E veio o carro de palhaços travestidos de policiais. Um encerramento perfeito para uma partida que ficou na história, de um time para o qual torciam todos os brasileiros.

Trapalhões, a seleção brasileira do humor!

Ideia boa é no papel

Boas ideias valem ouro. Por isso, desde que começou a depender delas para pagar as contas, a partir dos anos 1960, Renato carrega, por onde anda, uma cadernetinha de anotações. Se calhar de estar numa situação em que não há como levar um bloquinho no bolso, ele transcreve o pensamento onde der (até papel de pão vale) e depois repassa para um dos cadernos. Já dormiu com folhas de papel ao pé da cama para o caso de acordar com um insight e precisar registrá-lo a tempo de não esquecer. Uma ocasião, muito cansado, pensou numa sacada interessante para um esquete e, mesmo sonolento, foi escrevendo, escrevendo, escrevendo, e só no dia seguinte se deu conta de ter anotado coisas no próprio piso do quarto. Na estante de seu escritório há vários desses cadernos. Até as primeiras ideias, do tempo em que ainda estava na TV Ceará, continuam guardadas em sua casa, mesmo aquelas propostas que não saíram do papel. Ele chega ao requinte de gastar uma caderneta inteira com um só filme, anotando situações ou piadas não aproveitadas – ou mesmo algo de novo que aprendeu no set.

"Tenho um método para criar meus roteiros: tudo começa sempre com uma premissa simples, que anoto e deixo ali, guardadinha... Com o tempo, vou engrossando essas ideias, dia após dia, melhorando daqui, ampliando uma descrição ali, até que se tornem uma sinopse", conta Renato, lembrando que certos projetos que filmou vieram à sua cabeça na íntegra. "Bastou ir botando no papel e, ao fim, tinha ali um filme. Vou escrevendo, algumas vezes, sem saber do que se trata ou no que vai dar."

Essas anotações são trabalhadas de maneira diferente quando se destinam à TV ou ao cinema. "Televisão, pelo tipo de humor que faço, é esquete: uma situação que se esgota nela mesma, que se segura como piada ou gag física. Claro que, com novela, série, aí é diferente, mas com humor do tipo dos Trapalhões é assim que funciona...", explica Aragão. "Com filme é outra coisa: é história com começo, meio e fim envolvendo vários personagens, numa gradação de humor e emoção, visando a criançada. Tem que ter diálogo para o Didi, o Dedé, a mocinha e o vilão, que, no meu tipo de cinema, não pode ser do tipo bobalhão, chanchadesco. O Mau é mau: vilão é Vilão, com V maiúsculo. Na TV cabe improviso, caco. No cinema, não, pois lá tudo gira em prol da história, de uma saga, e não de uma anedota, como pode ser o humor televisivo."

O mais feliz dos felizes é aquele que faz os outros felizes

Costuma-se atribuir a frase acima a Alexandre Dumas (1802-1870), autor de *Os três mosqueteiros* (1844), cuja trama foi adaptada para um filme (quase) homônimo dos Trapalhões de 1980, dirigido por Adriano Stuart. Ele faz uma evocação da literatura europeia, que já serviu de argamassa a muitos dos longas-metragens e programas de TV de Renato. Em suas cadernetas, encontram-se ideias inspiradas por vários dos livros que fazem parte de seu repertório de leitor ávido. A Faculdade de Direito talhou seu gosto por bons livros e por grandes prosadores da ficção, como o inglês Charles Dickens (1812-1870). Do autor de *Um conto de Natal*, o comediante tirou elementos para fazer *O guerreiro Didi e a ninja Lili* (2008).

Conterrâneo de Dickens, o afiado Oscar Wilde (1854-1900) também ocupa vaga cativa na cabeceira de Aragão, a começar por *O fantasma de Canterville*. Esse texto foi o cimento com o qual Renato edificou um de seus maiores sucessos dos anos 1990: *Simão, o fantasma trapalhão* (1998), com a cantora Ivete Sangalo. A direção ficou a cargo do filho de Renato, o cineasta Paulo Aragão Neto. E, em seus tempos de faculdade, uma das iguarias literárias que Renato devorou foi o romance *Doutor Jivago* (1957), de Boris Pasternak (1890-1960), adaptado em 1965 por David Lean (1908-1991) para os cinemas com Omar Sharif (1932-2015) no papel principal e sempre lembrado pelo "Tema de Lara". Católico fervoroso, Renato desbravou a Bíblia tanto no Antigo quanto no Novo Testamento. Sermões fizeram parte de sua imersão no estudo da ética.

Interlocutor oficial das crianças brasileiras na arte, Renato contou com os irmãos Grimm para afiar sua intimidade com o universo infantojuvenil. Já em língua portuguesa, um de seus heróis é o autor cearense José de Alencar (1829-1877), de quem é fã do seminal *Iracema* (1865), no qual aprendeu a cartilha do Romantismo à brasileira. *Os sertões* foi outra prosa que arrebatou Renato pela pujança descritiva de Euclides da Cunha ao revisitar a guerra de Canudos.

Renato vive um aspirante a D'Artagnan, ao lado de Mussum, Dedé e Zacarias, em *Os três mosquiteiros Trapalhões*.

Solfejo

"Tudo é divino
Anjo rei menino
vem pra cirandar."

Cantados por Fafá de Belém em *Os vagabundos Trapalhões* (1982), os versos acima foram musicados por uma dobradinha formada por Renato e Wando (1945-2012), o fogo e a paixão da canção romântica. A música integra um cardápio estimado em duas dezenas de composições assinadas por Renato (só ou em parceria), a maioria das vezes apenas em melodia. No mesmo filme, executa-se uma das partituras mais elogiadas de todo o cinema nacional, "James Bonga". "Com a ajuda do meu amigo Sivuca, eu ia dando um arranjo nas melodias e compondo", conta Renato. Ele começou a escrever músicas ainda na década de 1950, após a experiência no CPOR, em parceria com o primo Heitor Catunda Gondim. Juntos, eles fizeram canções como "Fortaleza" e a rasga coração "Rosa", que diz assim:

"De quem é essa lágrima quente
Que o mar docemente
Nos meus pés pousou?"

Uma das músicas que Renato escreveu, "Folha seca", foi usada como trilha de fundo em seu casamento com Lilian, nos anos 1990, selando com arte uma *love story* que só fez crescer, entre a cumplicidade, o desejo e a parceria, ao longo das décadas que se seguiram.

Valsinha

Embora não se meta a cantar, coisa que deixa para o irmão Paulo, fã de Francisco Alves e outros rouxinóis do cancioneiro romântico, Renato, como já dissemos, compôs uma série de canções, com parcerias diversas. Em *Os vagabundos Trapalhões*, por exemplo, além de assinar com Glorinha Gadelha a melodia de "James Bonga", que gruda no ouvido, arriscou ainda acordes para "Coração menino", gravada por Jessé (1952-1993). Mas, quando o assunto envolve Chico Buarque, o trapalhão fica quietinho, em seu afã musical, por ser fã ardoroso do compositor e intérprete de "A banda". E Renato teve a oportunidade de acompanhar de perto o trabalho criativo desse super-herói musical durante a produção de *Os saltimbancos Trapalhões* (1981).

Assim que foi dado o sinal verde para o projeto, Chico procurou na Europa dois amigos da época em que ficou exilado na Itália, o argentino Luis Bacalov e seu parceiro, o italiano Sergio Bardotti. Quando Chico apresentou a Renato a lista do que necessitava – e era bastante coisa, para arrematar bem os números musicais –, o trapalhão nem pestanejou e aceitou tudo, ciente de que estava em jogo a qualidade estética.

"Eu só falava 'O que você quiser, Chico', pois estava valendo tudo. Eu queria fazer um filme musical pra valer. Dos bons", disse Renato, que teve a chance de conhecer de perto o cantor. "Chico é um doce de pessoa, mas é um artista de acesso restrito, por ser muito recolhido. Isso requeria certo cuidado da minha parte, na produção. Eu ia à casa dele, para a gente poder aprimorar mais as mudanças feitas pelo J. B. Tanko, nosso diretor, no primeiro tratamento do roteiro, que eu queria mudar um pouco. Aí fomos apresentar a ele as mudanças. O que a gente apresentou, ele topou, deixando a gente criar à vontade."

“A veia debaixo da cama”

Capa do disco *O forró dos Trapalhões*, de 1981, produzido por Sivuca.

Renato costuma brincar que a única vez que cantou foi num coro de missa – e fez metade da igreja mudar de religião, horrorizada com sua voz. Apesar disso, muitos quadros de *Os Trapalhões* eram musicais. Por vezes, era o próprio Didi cantando em playback. Outras, uma paródia com a letra original alterada para fazer rir. E, por fim, havia também músicas originais, compostas por parceiros ou que Renato percebia que poderiam ser sucesso se inseridas no programa.

Algumas canções ficaram no imaginário popular de tal forma que, décadas depois, seus acordes iniciais ainda conseguem provocar riso. Foi o caso de “A veia debaixo da cama”, gravada no long-play *O forró dos Trapalhões*, de 1981. A composição de Jonas de Andrade é do início dos anos 1970, mas se tornou conhecida mesmo ao ser gravada, em 1975, por Geraldo Nunes (1933-2016). O disco de Geraldo vendeu 800 mil cópias e rendeu ao artista vários troféus, entre eles o da Discoteca do Chacrinha. A divertida gravação dos Trapalhões também ficou na memória do público, tendo sido tema de um quadro de Didi.

O maior e o menor show

Em toda a sua carreira pelo Brasil afora, o maior show que os Trapalhões fariam teria 200 mil espectadores – um recorde para o grupo. Foi no município de Esteio, no Rio Grande do Sul, a 20 quilômetros de Porto Alegre. Mas por que o futuro do pretérito? Porque a multidão estava tão afoita para ver o quarteto ao vivo que acabou por destruir o palanque em meio a um tumulto descontrolado. Sem ter um espaço onde pudessem se apresentar, Renato e seus companheiros tiveram que improvisar, pois, afinal, cancelar a apresentação frustraria todos. A saída encontrada foi a seguinte: arrumaram um espaço e 14 guardas da polícia local formaram um cordão de isolamento em torno do grupo. Para que toda aquela massa pudesse ouvir, o quarteto recorreu ao apoio da rádio local, que transmitiu ao vivo as piadas. Na hora de finalizar a tirada, os guardas erguiam quem estava falando. Zacarias, por exemplo, era levantado apenas para dar sua risada característica. Mas na hora de levantar o Mussum... com seu abdômen cevado a litros de "chopis", os policiais bem que chiaram.

E o menor show? Ah... esse, ocorrido em solo mineiro nos anos 1980, foi uma prova de amor.

Para quem já se apresentou para milhares de pessoas, fazendo multidões levantarem em uma ola de aplausos, o espetáculo quase privê que Renato deu certa vez em Minas Gerais é um episódio antológico. Ao fim de um evento público, às margens da lagoa da Pampulha, em Belo Horizonte, um sujeito procurou o grupo, convidando-o – a peso de ouro – para fazer um espetáculo dos Trapalhões no próprio casarão onde vivia. Quando lá chegou e viu que se tratava de uma mansão toda cheia de pompa, Renato achou que iria se apresentar numa boate particular ou coisa assim, mas não era nada disso. O evento em questão era uma festa do pijama para um menino de 10 anos e meia dúzia de amiguinhos.

O contratante do show, um homem muito rico lá das Gerais, havia acabado de se separar e, a fim de assegurar o carinho do filho, resolveu proporcionar a ele um dia com os Trapalhões. Eram apenas sete meninos, mas para criança não se diz não. E a apresentação foi feita com o maior carinho. Os Trapalhões contaram historinhas, brincaram com os meninos... A fuzarca estava armada, com bola, bala e bolo.

Também houve outros shows, mais intimistas, que Renato fez para plateias especialíssimas: crianças hospitalizadas em estado terminal. Mas essa história não precisa ser alardeada. Renato aprendeu que gentileza não requer alarde: amor com amor se paga.

Sua esperança não está sozinha

Inaugurada no dia 12 de outubro de 1931, a estátua do Cristo Redentor, de braços abertos sobre a cidade do Rio de Janeiro como se abraçasse todo o Brasil, tem 38 metros de altura e pesa 1.145 toneladas. Cada uma de suas mãos, a cerca de 710 metros acima do nível do mar, tem 3,2 metros de comprimento. Imagine que percorrer toda a estrutura do ombro ao antebraço dessa versão de pedra do Filho de Deus não seja uma aventura fácil para ninguém, nem mesmo para um homem cheio de fé e de grande preparo físico. Mas o homem em questão, Renato Aragão, tinha já 56 anos quando encarou esse passeio sagrado. Além do grande amor por Deus, havia também (e em primeiro plano) um compromisso humanista (e altruísta) por trás da peripécia do trapalhão: usar aquele episódio para mobilizar o país a favor do projeto social do *Criança Esperança*. Sempre que menciona os seus filhos, Renato quase inclui, por ato falho (ou melhor, ato de amor), esse programa por ele concebido como forma de combater a miséria que afeta a infância.

"A maior realização da minha vida profissional, da minha vida como alguém fiel a Deus, da minha vida como brasileiro foi ter feito o *Criança Esperança*, por ter garantido ao Unicef um caminho para a realidade sofrida de milhões e milhões de crianças deste país – é a elas que eu me dedico, são elas que fizeram a fama do Didi, são elas que me mantêm de pé", diz Renato, reconhecido nacional e até mundialmente, desde os anos 1980, como o símbolo da campanha anual de mobilização social, com promoção da TV Globo, que busca a conscientização em prol dos direitos de baixinhos e adolescentes.

Promovido em parceria com o Fundo das Nações Unidas para a Infância, o Unicef – e atualmente pela Unesco –, o projeto saiu do papel

Renato e Roberto Carlos numa das primeiras edições do *Criança Esperança*.

em 28 de dezembro de 1986 e consiste em shows (sempre animados por Renato) que incentivam as doações feitas pelos telespectadores e por várias instituições. Sua semente foi uma ideia do próprio Renato, o *SOS Nordeste*, um programa exibido na Globo, em 18 de agosto de 1985, com o objetivo de levantar recursos para atenuar os danos trazidos por uma severa seca no Ceará e em seus arredores. As principais vítimas eram crianças, todas subnutridas.

Ao abraçar a causa de Renato, a Globo colocou o melhor (em termos de pessoal, tecnologia e mídia) em prol do *SOS Nordeste*, cujo sucesso foi imediato. Tantas foram as doações que foi preciso recorrer ao Exército para levar ao Ceará e aos demais estados todos os suprimentos. O projeto concebido pelo trapalhão visava arrecadar dinheiro, roupas e alimentos para as pessoas que vinham sofrendo com a seca. O primeiro programa, estrelado por diversos artistas de peso da emissora, durou quatro horas de um domingo.

No ano seguinte, a Globo resolveu fixar o projeto em sua programação anual, agora voltado estritamente para as crianças e aproveitando o aniversário dos 20 anos de *Os Trapalhões* na emissora. Assim começou o *Criança Esperança*, como um especial de 9 horas de duração. Cinco anos depois, com sua grife já firmada, foi a vez de Renato fazer o happening do Cristo Redentor, para atrair o país em peso – e gente do mundo todo – para ajudar. E deu certo...

Agora todos os anos o elenco inteiro da Globo se engaja no programa. Ele ganhou até um hino, baseado na canção "Amigos do peito", composta por Michael Sullivan e Paulo Massadas, e gravada no LP dos 25 anos de *Os Trapalhões*, de 1991, no qual era entoado por um dos mais populares colaboradores do grupo, Jorge Lafond (1952-2003).

De braços abertos a rogar por nós

Em 1991, Renato Aragão resolveu se lançar numa aventura – talvez a maior de sua vida – em prol da campanha de proteção aos menores, que daria a ele o posto de embaixador do Unicef. Ele foi pedir a bênção a Jesus *in loco*, no Cristo Redentor, no Rio de Janeiro, em comemoração ao aniversário de 25 anos de *Os Trapalhões*.

"Eu já vim lá do Nordeste com a ideia na cabeça de ir até a mão do Cristo Redentor. Eu queria ir lá sozinho, à noite, mas fui diante das câmeras, em nome do *Criança Esperança*. Fui com uma equipe da Globo e conversei com o responsável assim que pisei no braço: 'Ó, se não der pra ir depois, eu vou agora!' E ele: 'Calma, calma', pois tinha um porém: eu tinha que ir amarrado. Aí consenti que me amarrassem", conta Renato.

"Isso foi gravado. O programa seria na semana seguinte. Ficou combinado de eu ir lá no outro dia, com aquele macacão que aparece nas fotos e amarrado a um cabo de aço. Esse cabo me atrapalhou muito, pois na estátua, de meio em meio metro, tinha um para-raios de dez

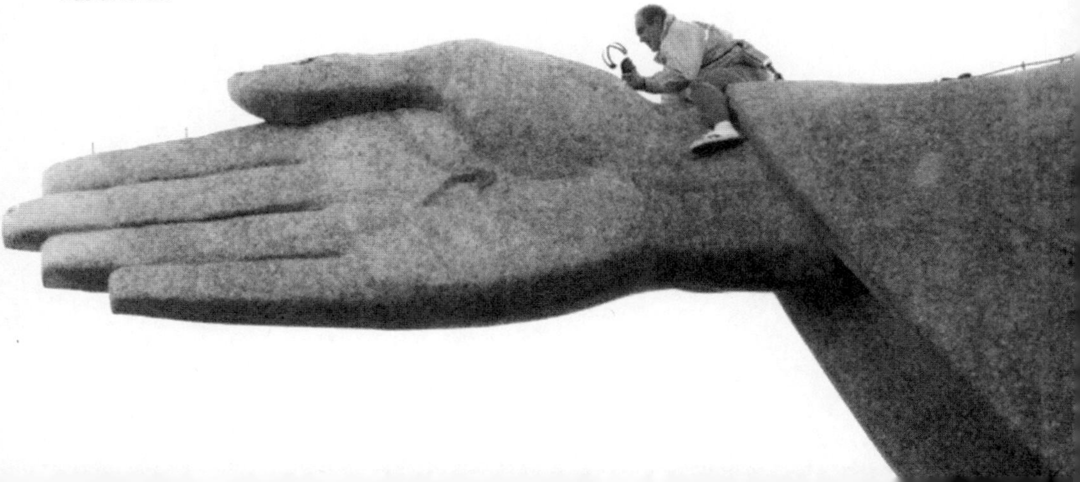

Em nome das crianças do Brasil, Renato vive sua maior aventura: beijar a mão do Cristo Redentor... nas alturas.

centímetros de altura e um mastro de sustentação da imagem. Eu tinha que me arrastar sentado, dar um pulinho por cima do para-raios e deslizar mais meio metro em cima da pedra sabão. Esse tipo de pedra não tem atrito. É lisa que só ela.

"Quando cheguei no pulso do Cristo, a Glória Maria estava falando comigo pelo ponto eletrônico. 'Glória, agora não posso mais falar com você porque vou fazer uma oração, um agradecimento.' Tirei o fone, beijei a mão do Cristo, fiz minha oração. Agora, feita a reza, e pra voltar? Onde eu estava era mais fino, não podia girar 180 graus pra voltar de frente. Disse pra mim mesmo: 'Calma! Eu vou ficar aqui um ano, dois anos e alguém vai vir me buscar.' Mas eu não tinha o mínimo medo de nada! Estava numa alegria tão grande que não pensava em nada que lembrasse medo. Eu tava era feliz! Bem, aí a solução era lógica: voltar de marcha a ré. Levei vinte minutos. Pior que eu olhava para o povo lá embaixo, sem entender nada. Tava cheio de gente, os turistas chegando e a galera pensando: 'O que está acontecendo lá em cima com aquele cara?'

"E pra voltar eu tinha que fazer isso de costas e ainda tirando de baixo de mim o cabo, que estava esticado e, agora no retorno, ficava se amontoando debaixo de mim e me atrapalhando ainda mais. Olha, quando cheguei na área de segurança, vi o pessoal lá embaixo levantando os braços e fazendo 'Ahhhh!' e pulei pra dentro da estrutura. Eles ficaram mais aliviados do que eu! E essa imagem foi pro mundo todo, porque fui a única pessoa a fazer isso: beijar a mão do Cristo Redentor! Passei dias e dias nas alturas. Queria voltar, porém nunca mais tive oportunidade. Mas bem que eu queria..."

A galope

Desde menino, quando conviveu com o sagui Chiquinho e o gato Salomão em Fortaleza, Renato sempre se deu bem com animais, tendo criado bichos de espécies variadas. Mas nunca teve cavalos e não tinha muita intimidade com a sela. Mesmo assim, Renato galopou muito nos filmes que fez. Logo que começou a fazer *Os Trapalhões* no Rio, no Teatro Fênix, num dos primeiros programas na Globo o diretor Augusto César Vannucci (1934-1992) o colocou em cima de um cavalo no Jockey Clube, numa corrida pra valer. Seus outros três colegas foram poupados. Renato, não.

"Quando montei, Vannucci já sabia que o bicho ia perceber que eu não era cavaleiro. O bicho sabe! Como era filmagem, a direção da TV

Renato, que nunca gostou de ver animais engaiolados, brinca com um chimpanzé solto na natureza.

botou uma turma de apoio, com jóqueis experientes para, entre uma corrida e outra, filmar na pista. Todos eram jóqueis, menos eu", reclama Aragão. "No que subi no cavalo, ele ficou correndo para me derrubar e ia me jogando contra a cerca. Quando dei a primeira pancada na cerca com o joelho, segurei na crina e dei um toque no pescoço dele pra ir pro lado que eu precisava. Arisco, o cavalo voltava para a cerca e eu... pau!... dava um toque no pescoço do bicho, que se reorientava. Nossa, eu corri aquela volta toda empurrando o cavalo pra ele não me derrubar. E olha que, apesar da experiência de meus companheiros, um dos jóqueis caiu, quase sofrendo um acidente grave. Mas não machucou, não. Ali no Jockey você não pode dar mole: se cai, desavisado, os cavalos em trote passam por cima de você, né? Isso aí foi o sufoco que eu passei nessa aventura hípica."

Livro dos recordes

Em 1997, os esquetes clássicos de *Os Trapalhões* viraram atração na programação de hora do almoço da TV Globo, com a reprise do programa antes do *RJ TV* 1ª edição, por volta do meio-dia. Naquele mesmo ano, Didi voltaria à televisão como protagonista da série infantil *Renato Aragão especial*, em que protagonizava histórias inspiradas em clássicos da literatura mundial. Sua aventura portuguesa também chegava ao fim. Porém uma notícia vinda de fora traria alegria ao seu coração: o *Guinness Book*, o livro dos recordes, contabilizou a reprise das aventuras do grupo como parte da permanência do programa no ar, incluindo-o, assim, em suas páginas. Dali em diante, *Os Trapalhões* seria reconhecido como o programa humorístico mais duradouro da TV latino-americana, permanecendo no ar desde a sua estreia em 1977. E, além de passar na Globo, o programa foi vendido para países como Angola, Canadá, Estados Unidos e Portugal.

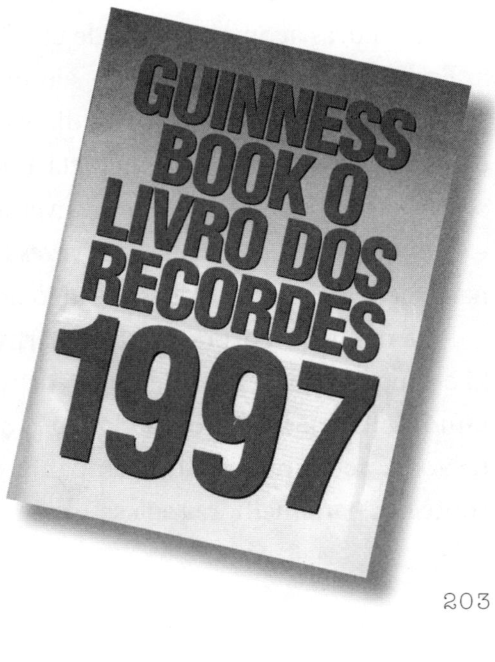

Bons hábitos

Durante as gravações da nova versão de *Os Trapalhões*, entre abril e junho de 2017, Renato entrou no set, aos 82 anos, com um vigor que surpreendeu a todos os seus companheiros, sobretudo os mais jovens. Responsável pela direção dos esquetes, Fred Mayrink, que foi ator antes de passar para trás das câmeras, cravou: "Tentei imprimir a essência circense do grupo nos anos 1970, a fim de criar uma atração para toda a família, e Renato veio com um pique de picadeiro, cheio de gás e de vontade, com toda a experiência de anos de humor, mas com um frescor de garoto."

Para manter esse pique até hoje ele depende de muita disciplina, controle e exercício físico. No passado, o seu segredo era a barra fixa. Ele mesmo construía um par de barras onde morava para exercitar a musculatura. Para cima e para baixo, com determinação. Hoje, na casa dos 80, as barras deram lugar à esteira. Não há dia que passe sem fazer ao menos uma hora de caminhada a passos rápidos, aquecendo-se a ponto de o rosto suar. Some-se a isso uma dieta diária de saladas de folhas escuras acompanhadas de carnes brancas.

Embora o pato assado seja o seu prato predileto, não é uma iguaria para a semana inteira. No dia a dia vai de peixe e frango, uma vez que eliminou a carne vermelha da dieta ainda na década de 1980. Além disso, as bebidas alcoólicas nunca estiveram muito presentes em sua rotina – tampouco os refrigerantes. Às vezes beberica um cálice de vinho, mas nada além disso. Cigarro? Isso é algo de que ele não passa nem perto.

Para manter o corpo em plena harmonia, Renato faz meditação, reiki e acupuntura, sob a orientação de uma das maiores especialistas do ramo: Liliane Moitinho, sua "guru", sobretudo em exercícios de respiração. A acupunturista o acompanha desde o início dos anos 2000 e contribui para melhorar sua saúde.

Desde adolescente, ele sempre encontrou no futebol um meio de garantir a harmonia do corpo. Fora as bolas que bateu durante jogos universitários, com empenho de profissional, Renato arriscou dribles em partidas com colegas, entre eles Mussum e Chico Buarque. Sente falta dos gramados e de rolar a pelota. Mas compensa vendo o Campeonato Carioca, o Brasileirão e as partidas do Barcelona – com assiduidade – pela TV.

De ponta-cabeça, Renato se exercita numa barra fixa: o aparelho foi seu companheiro fiel de ginástica por anos a fio.

Contusões

Escoriações, luxações, machucados – tudo isso entra no patrimônio que Renato adquiriu ao longo de sua movimentada carreira na TV, no cinema e nos palcos. E isso desde o início, na TV Ceará.

"Fiz um esquete lá em Fortaleza, tipo Chaplin, em que eu ia arrumar dinheiro para curar uma pessoa... uma moça. Eu tinha que lutar boxe, que nem o Chaplin faz no cinema. Não havia atores para ensaiar comigo. Então eu ensaiava em casa, no jardim, que tinha uma parte asfaltada, perto do cajueiro. Eu ia lutar com um gordo forte, que era meu irmão, o Paulo. O juiz era meu sobrinho, Afrânio Craveiro, que hoje é doutor, um grande cientista. E os outros que ficavam no banco eram figurantes mesmo", lembra Renato.

Renato dá um salto mortal em um esquete ao vivo do *Vídeo alegre*, na TV Ceará. Ao pular, ele não viu os microfones sobre sua cabeça, bateu com o pé em um deles e caiu estatelado no chão.

A dinâmica era típica de ringue: "Eu vinha, passava por baixo das pernas dele e tal, como o Chaplin. Tinha uma hora em que ia dar um *tackle*, aquele golpe de telecatch, no peito do adversário. A ideia era ser um salto mortal. Eu voava no peito dele, ele estufava a barriga e eu caía em pé. Tudo ficou bem ensaiado em casa. Confiantes, fomos para a televisão. E era ao vivo, não tinha VT", lembra. "Aí começou aquela coisa toda de luta e tal, e eu pulei no peito dele para dar a cambalhota. Voei, todo confiante, só me esqueci do microfone! Afinal, em casa, onde treinamos, não tinha nada disso. Resultado: enfiei o pé na girafa e caí chapado. E o povo ria... Mas ria muito, pensando que aquilo era ensaiado, era realmente a cena. Felizmente, eu era um pouquinho acolchoado na poupança e não machucou muito. Mas machucou. E era perigoso. Por sorte, não caí de cabeça."

Orgulho é o que Renato evoca quando fala dos acidentes que sofreu fazendo o Brasil rir. "Eu me machucava muito. Ao fim de uma filmagem, só sobrava o mocotó para a feijoada, porque o resto...", diz ele, lembrando do filme *Dois na lona* (1968). "Nele, eu briguei com um bandido, lá no Parque da Cidade, no Rio. O cara que fazia o bandido se abaixou e eu, sem perceber, fui socar uma árvore ao lado dele e quebrei o meu dedo. Pior foi para consertar: teve que quebrar de novo para colocar no lugar. Eu tive que fazer metade do filme com uma toalha na mão, porque estava engessado."

As estripulias nos programas de TV também lhe renderam machucados de vários tipos. "Uma vez, todo fantasiado para uma sátira do filme *Avatar*, com uma roupa de silicone para simular aqueles ETs azuis, tomei um tombo e bati num cubo de ferro. Bateu um sono... A sorte é que a Lilian não me deixou dormir. Era sangue pra caramba! Ela dizia: 'Não deixa ele dormir, não deixa ele dormir!' A Globo, bastante cuidadosa com a gente, mandou que chamassem uma ambulância e me levassem para o hospital", lembra Renato. "Eu estava com aquela roupa colorida, com um saco de gelo no rosto, e entrei direto pela emergência adentro. Os demais pacientes se entreolhavam e comentavam: 'Que aconteceu? Que é isso?'. Aí alguém respondeu: 'Acho que foi um artista do Cirque du Soleil!' Eu mereço."

Ananias, o Louco e Aparício

Na segunda temporada de *Os Trapalhões*, gravada nos Estúdios Globo em 2017 sob a direção de Fred Mayrink, um anãozinho folgado aprontava das suas, jogando o corpo para um lado e para outro sempre que se via acuado ou queria mostrar destreza. Era o bom e velho Ananias, que arrancava toneladas de risos da garotada nas décadas de 1980 e 1990, sempre com o cabelinho encaracolado, estilo anjinho.

Criado por sugestão do diretor Maurício Sherman, que se inspirou num quadro da TV americana, Ananias exigia (e ainda exige) de Renato uma ginga de corpo cansativa. Suas pernas ficam enfiadas do joelho para baixo em buracos no piso do set. Na altura das rótulas, ficam os sapatos do personagem, quase encobertos por sua rotunda barriga. Movendo-se a partir dos joelhos, Ananias gira 360 graus, divertindo o público. "Ninguém entendia como eu caía para trás e voltava tão rápido, sem trucagem", diz Renato, que, no mesmo período, fazia o pessoal "da poltrona" gargalhar no papel de uma exótica figura com luva na cabeça.

O tal sujeito, chamado popularmente de Louco, apareceu pela primeira vez indo ao consultório do Dr. Gamalucão, vivido por Roberto Guilherme, disputando a atenção do médico com Mussum, que entrava em cena com metade do rosto pintada de branco. O Louco era a garantia de nonsense no programa. Para alguns teóricos e críticos de TV, o personagem é a criação mais refinada de Aragão, que não se lembra em que se inspirou para inventá-lo. Apenas achou divertido um sujeito usar uma luva inflada como chapéu.

Já Aparício, espécie de cota marxista na fauna de tipos de Renato, é um componente mais social da obra do comediante, concebido para representar a luta cotidiana do povo brasileiro para ganhar o pão de cada dia. É o lado mais tragicômico da linhagem de tipos interpretados por Renato. "Didi também encara muitos dilemas sociais, mas o Aparício é meu caminho para falar mais diretamente ao público sobre situações como o desemprego", diz o trapalhão.

Criado por sugestão de Maurício Sherman, Ananias ganhou a simpatia do povão, desafiando as leis da física (sobretudo as da altura).

Joia do Riso

Em meados de 2016, Renato recebeu a ligação de um representante do Cine Joia, um velho templo cinematográfico do Rio de Janeiro, incrustado numa galeria de Copacabana, onde aconteceu parte importante da história do audiovisual brasileiro. Ao longo de cerca de quatro décadas, por ali passaram alguns dos mais importantes exercícios autorais de nosso cinema. E nesse bolo está uma série de filmes dos Trapalhões. A fim de comemorar esse passado de glórias, recontextualizando o papel estético de Renato, o cinema ofereceu-lhe uma honraria rara: ser a primeira personalidade de nossas telas a receber o título de Joia do Riso.

Entre os mestres do humor responsáveis pela formação audiovisual do povo brasileiro a partir do cinema e da TV, poucos artistas tiveram tamanha importância na educação sentimental da infância e da juventude do país como Renato Aragão, midas das bilheterias, campeão de audiência, palhaço preferido do circo midiático nacional.

Para comemorar essa trajetória pela estrada do imaginário, no dia 23 de junho de 2016 foi entregue uma placa em tributo ao trapalhão em uma cerimônia que inaugurou o Cineclube Joias do Riso. A iniciativa do grupo Vila Cine teve como objetivo abrir um espaço de discussão sobre a comédia em nosso circuito.

Para marcar a homenagem a Aragão, reconhecendo sua versatilidade como intérprete, o Joia resgatou um dos clássicos de sua carreira: *Bonga, o vagabundo* (1971), dirigido por Victor Lima. Essa produção traz um dos personagens mais importantes da carreira do astro: o malandro de rua Bonga, um herói pícaro maltrapilho cuja esperteza para dar golpes é equivalente a seu carinho para dar afagos aos desvalidos. Ali já estão presentes todos os elementos que, nos anos seguintes, influenciariam na consolidação da figura de Didi Mocó.

Bonga, o vagabundo, um dos personagens mais queridos de Renato, revelado no filme homônimo, de 1971.

Távola redondamente nobre e pasquins de grandeza

Dizem em Itabira que não havia pedra no caminho entre Carlos Drummond de Andrade (1902-1987) e o programa *Os Trapalhões*: era começar o *ta-na-nan-na-na-nam-nam* e o mineiro por trás de obras-primas da poesia em língua portuguesa, como *A rosa do povo*, colocava-se na frente do televisor e não arredava pé. Essa lenda urbana surgiu quando um jornalista ligou para a casa do grande poeta e, ao perguntar por ele, ouviu a resposta: "Ele agora está vendo *Os Trapalhões*. Ligue depois."

Infelizmente Drummond despediu-se deste mundo sem que Renato tirasse a prova dos noves sobre o interesse do poeta em sua arte. Mas a hipótese de que um artesão da palavra de tão boa cepa como ele pudesse ser fã do quarteto ajudou a dirimir a névoa de preconceito contra o humor do grupo, que também contou com defensores ardorosos no meio da intelectualidade.

Havia quem definisse a comicidade de Renato como "humor subnutrido". E durante anos a crítica torceu o nariz para os seus filmes, entre bolas pretas e gestos de sono. Mas houve quem reconhecesse grandeza naquela forma de fazer rir. Por muito tempo, Renato manteve emoldurada na parede de casa uma crítica escrita por Arthur da Távola (1936-2008) na qual o autor elogia o lado sensorial do humor do grupo, atribuindo o riso derivado deles a imagens que o espectador vai intuindo aos poucos. "Pouca gente teve comigo uma nobreza como a do Arthur, que, com toda a sua cultura, tratava a gente com o máximo de respeito, valorizando a dimensão popular de nossa comédia, que precisava chegar a todos os cantos do país", diz Aragão. "Arthur foi um mestre da crítica, pois ensinou a gerações de jornalis-

Integrante de *O Pasquim*, Tarso de Castro foi um dos intelectuais que partiu em defesa de Renato contra o preconceito por parte da dita "inteligência cultural brasileira".

tas que é necessário entender todo o contexto industrial em que uma obra de arte está inserida."

Também havia uma leva de defensores dos Trapalhões no jornal *O Pasquim* (1969-1991), incluindo Millôr Fernandes (1923-2012), um dos maiores frasistas do país, entre muitas outras atribuições, como jornalista, cartunista, tradutor... Mas, de todos os bambas que integravam o semanário, Tarso de Castro (1941-1991) era o mais próximo de Renato, com um vínculo afetivo de amizade e respeito mútuo. "Sempre que a turma da crítica metia o pau nos Trapalhões, ele saía em minha defesa. Certo dia, um crítico, cujo nome prefiro esquecer, mas que era conhecido por usar peruca, falou mal da gente. Tarso disse que, no dia em que encontrasse o cara lá pelo Antonio's, o bar no Leblon que frequentava, ia arrancar a peruca dele", lembra Renato. "Um dia esse encontro aconteceu. Assim que o cara viu o Tarso, ele botou a mão na cabeça, segurando forte a peruca, e gritou: 'Tarso, não se atreva!'"

No fim da década de 2000, Renato começou a ter o reconhecimento de entidades que congregam críticos. Foi homenageado durante a cerimônia do Grande Prêmio do Cinema Brasileiro, em 2008. Nesse mesmo ano, recebeu um troféu pelo conjunto da carreira no Festival de Gramado, onde há uma estátua de cera em sua homenagem. Na ocasião, um dos resenhistas mais respeitados da imprensa cinematográfica, Luiz Carlos Merten, do jornal *O Estado de S. Paulo*, cravou, elogioso: "Se o ofício do trapalhão é fazer rir, ele mostra que continua afiado." Uma virada de mesa, por assim dizer, drummondiana.

Comic Con Experience

Dezembro de 2016, São Paulo Expo: cerca de 190 mil pessoas passaram pelo local a fim de tomar um banho de cultura pop (com o xampu da nerdice) na terceira edição da Comic Con Experience (CCXP), afoitas por novidades sobre os Cavaleiros do Zodíaco, as HQs de Frank Miller e as séries da Globo. No primeiro dia, contudo, o ímã das multidões era outro: Renato Aragão, o homenageado, inaugurou o evento tendo um bate-papo com 3,5 mil pessoas. No palco, numa entrevista conduzida pelo ator e clown Felipe Mello (fundador da ONG Canto Cidadão) e pelo autor deste livro, o eterno trapalhão desfiou memórias de riso e de emoção, entremeadas de anedotas improvisadas. Também

Cerca de 3,5 mil pessoas foram prestigiar Renato na Comic Con Experience em dezembro de 2016, em São Paulo, em que o trapalhão foi homenageado.

exibiu o primeiro trailer de *Os saltimbancos Trapalhões: Rumo a Hollywood*. Foi lá que anunciou a volta de *Os Trapalhões* à TV, com jovens atores vivendo os sobrinhos de Didi e Dedé.

No fim, Renato foi objeto da maior ovação do público já recebida por um artista brasileiro no evento. E aquela também foi a maior manifestação de reconhecimento e carinho em toda a carreira de Renato: nada menos que nove minutos ininterruptos de aplausos.

"Quem cresceu nos anos 1980 idolatra *Os Trapalhões*. Era uma época, afinal, em que as famílias se reuniam ao redor da televisão para curtir juntas a programação, e Didi, Dedé, Mussum e Zacarias eram quase unanimidade nesse ritual", comenta Érico Borgo, o diretor de conteúdo da CCXP. "Os caras entregavam um humor que funcionava tanto para a molecada como para os adultos. Era na mesma medida sacana e inocente. Meio Chaplin/Keaton, meio Monty Python e 100% brasileiro. Renato Aragão e sua trupe formaram uma geração com esse estilo. Poder homenageá-lo no palco da CCXP para 3,5 mil pessoas foi algo que marcou a vida de toda a produção do nosso evento. Durante décadas, o vimos emocionado na TV. Pela primeira vez pudemos vê-lo assim ao vivo. Uma compensação ínfima para celebrar uma carreira inesquecível."

Comediante ou humorista

Pedro Bial se diverte com Renato Aragão em seu programa.

Durante uma participação no programa *Conversa com Bial*, em setembro de 2017, Renato abriu o papo comentando o tipo de humor que caracteriza a sua obra na TV e no cinema e, para isso, recorreu a uma distinção entre "humorista" e "comediante". Ele se coloca neste último grupo.

Humorista, na lógica do trapalhão, é o artista que usa a palavra falada para fazer graça, que parte da piada. "É o caso hoje do chamado *stand up*, no qual o sujeito conta uma história qualquer e injeta chistes no que está contando", diz Renato, citando como bons exemplos desse filão mestres da anedota como Ary Toledo.

Comediante, em sua opinião, é o artista que utiliza o corpo, em situações físicas das mais estapafúrdias, para extrair graça. É o que ele próprio faz desde os tempos do *Vídeo alegre*, no início da década de 1960, seguindo os passos de Oscarito, que se encaixaria nessa classificação, assim como os mitos da era muda do cinema, como Chaplin e Buster Keaton. "Nos shows que eu fazia com os Trapalhões, havia momentos em que eu dizia piadas, mas o grosso do meu trabalho se baseia em gags corporais", define.

Didi e Dedé em cena: Renato levou bronca do neto por não ter lhe contado que era o trapalhão das telas.

O pito do Diego

Não é de hoje que Renato vive cercado de crianças afoitas por um abraço. Mas um momento inesquecível na sua história não foi uma demonstração de carinho, e sim uma bronca que levou do seu neto, Diego. E foi um pito daqueles.

"Um dia eu estava na minha casa e entrou o meu neto Diego, filho do Ricardo, o meu segundo menino. O garoto ainda era criancinha. Ele chegou, botou a mão na cintura, sacudiu o dedo no meu nariz e disse: 'Vovô, você é o Didi! Você é o Didi e não me falou nada!' Foi uma surpresa", conta Renato. "Diante daquela reação, fiquei pasmo. Ele era criancinha e não tinha ligado os pontos para saber que o Didi e eu somos a mesma pessoa. Não sei se foi alguém que falou para ele ou se leram alguma coisa associando o meu personagem a mim. Mas, na cabecinha dele, o Didi da televisão tinha que ser o Didi, e não o avô dele. Pelo mundo lúdico da fantasia, ele não conseguia associar o avô àquele tipo que corre, pula, cai e escorrega."

Hoje, Diego não é mais tão pequeno e certamente não faz mais confusão quando associam o seu avô a Didi. Mas o episódio com o neto fez Renato recordar os primeiros contatos que teve com crianças depois que passou a viver do riso. Já nos tempos do programa *Vídeo alegre*, ele era muito assediado pelos telespectadores mirins.

"Desde os anos 1960, as crianças vinham em cima de mim, muito mais do que os adultos. Muito mais! Os adultos vinham no bolo. Eles gostavam, mas não assumiam que curtiam os Trapalhões", diz Renato, lembrando que os esquetes da TV eram escritos de olho em múltiplos públicos, ao contrário do que acontecia no cinema.

Na tela grande, a partir de *Ali Babá e os quarenta ladrões* (1972), sua filmografia passou a ser voltada para o público infantil no enredo central, mas com subtramas que agradassem toda a família. "Costumo falar que, quando sentava de frente para o computador para escrever um filme, eu escrevia de calça curta", brinca Renato. "Na televisão, também escrevia muito, aliás, escrevo até hoje, com a nova safra de *Os Trapalhões*. Mas era para um foco mais aberto, mais para o público em geral."

TOC de trapalhão

Há cerca de vinte anos, Renato incorporou um TOC – um TOCzinho, vamos dizer assim – que envolve cores; no seu caso, as cores das roupas que usa.

Às segundas-feiras, por exemplo, nem pense em dar uma camiseta preta para o Renato usar em casa. Se for figurino de filme, num set de filmagem, ou vestuário para usar num estúdio da Globo, no programa dos Trapalhões, aí tudo bem. "Nesse caso, quem vai usar é o Didi, e não eu", brinca, lembrando que, em situações de trabalho, TOC e manias não têm vez. Já em casa... Ah! Aí, se for segunda, tome azul e branco.

Já a terça é dia de um branquinho básico, para curtir a casa. Uma polo com a carinha do Bonga ou do Didi bordada, pequenininha, à altura do peito, é uma boa opção.

Às quartas e quintas-feiras, o TOC das cores dá licença e Renato usa o que estiver à mão, menos preto.

Sexta – um tabu para muita gente – é dia de azul e branco para Renato, sem exceção.

Já sábado e domingo "são dias de bundalelê: posso vestir o que for", brinca o trapalhão sem abrir exceção para os tons mais escuros nem no fim de semana.

A princesa Lívian

Cada filho de Renato representou não só uma alegria, mas um renascimento. Quando Lívian chegou, ele já estava se encaminhando para os 64 anos. Ao se casar com Lilian, não queria mais filhos, convencido de que a sua idade era avançada demais e, também, que havia encerrado a carreira de pai.

Mas então, certo dia, ao sentir enjoo, Lilian fez um teste de gravidez e deu positivo. Renato logo se viu rodeado de dúvidas: "Será que dou conta? Será que vou viver para ver esse bebê crescer? Vou conseguir orientá-la na vida?" Embora não soubesse o sexo do bebê, Renato rezava "para que fosse parecido com a mãe. Ser parecido comigo seria muito cruel", conta ele, que no entanto caiu de amores ao ver a pequena Lívian, hoje moça feita e trilhando uma promissora carreira de atriz.

A última coisa que Aragão desejava era que ela fosse artista. "Sonhava que fosse paleontóloga, pois já haveria um fóssil em casa... eu... pra ela exumar", brinca Aragão, que levou a filha para vários sets, ao lado de Lilian e de uma babá, até que, em *O trapalhão e a Luz Azul* (1999), ela, ainda bebê, fez uma pontinha. "A primeira fala dela foi um arroto."

Parceira de Renato em seis longas, vários deles em papéis de destaque, Lívian decidiu ainda cedo que queria ser atriz. Um dia, depois de várias participações como coadjuvante, ela disse: "Papai, quero fazer um filme desde o começo até o fim." Ele então explicou-lhe que, se ela quisesse isso mesmo, teria que estudar muito, a fim de não se beneficiar do fato de ser filha dele, para obter papéis pelos próprios méritos. Aí, a resposta dela: "Mas, papai, já sei até chorar", argumentou, simulando choro, para emoção do pai, hoje um orgulhoso colega de profissão.

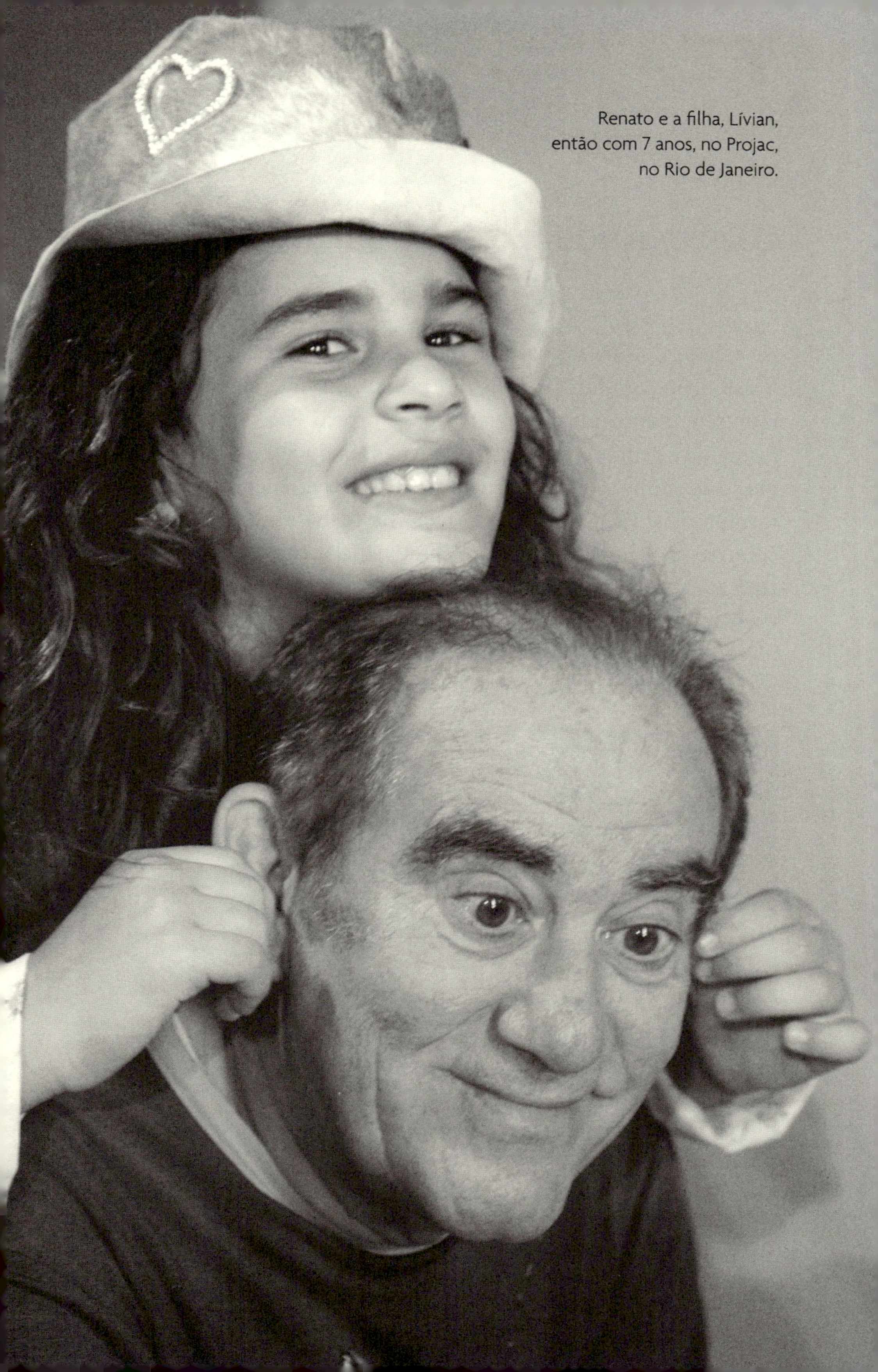

Renato e a filha, Lívian,
então com 7 anos, no Projac,
no Rio de Janeiro.

Carregando a tocha olímpica

A cerca de dois meses das Olimpíadas de Atenas, em 2004, quando o Brasil ficou com um saldo de dez medalhas (cinco de ouro), a tocha representando o ideal esportivo passou pelo Rio de Janeiro, como forma de celebrar a integração da América do Sul no evento. Foi no dia 13 de junho. Diante do ineditismo da experiência, o Brasil transformou o fato em festa: a passagem da tocha olímpica transcorreu como se fosse uma maratona celebrativa pelas ruas do Rio de Janeiro, com atletas e artistas, acompanhados por uma multidão, revezando-se na posse da chama. Foram cerca de oito horas de engajamento no ideal olímpico, durante as quais foram percorridas 54 ruas de 17 bairros cariocas, embaladas por shows musicais de figuras como Simone

Renato carrega a tocha olímpica, em 2004, em evento que reuniu astros do esporte, da TV e da música.

e Toni Garrido (ela, uma ex-jogadora de basquete; ele, um praticante de artes marciais), entre outros famosos como Paula Toller, Ivete Sangalo, Gabriel, o Pensador...

Foi Pelé quem recebeu o fogo olímpico logo cedo no estádio do Maracanã e deu a largada para o desfile de 49 quilômetros, o maior entre todos os percursos que a tocha percorreu, até então, antes de retornar à Grécia. Ao todo, 123 "carregadores" se revezaram com a tocha... e Renato Aragão estava entre eles.

O trapalhão percorreu um trecho já próximo da enseada de Botafogo, representando não apenas as artes brasileiras, mas também o Unicef, no papel de seu embaixador no Brasil. A experiência marcou a vida de Renato não apenas pela honra de ter sido convidado, mas também pelo fato de ele, um fã de esportes, ser acolhido no seio da comunidade olímpica internacional.

Renato no colo de Lilian: por trás de um grande artista existe uma grande mulher.

Carta de amor

Minha vida...

Lilian, só você poderia ser chamada assim. Pois você é "a" minha vida. Você mudou a vida que eu tinha, melhorou o homem que eu era, me faz querer ser melhor do que sou... pra poder ser sempre seu.

Você, minha vida, está sempre alegre. Você me levanta com a doçura do seu sorriso. E sorri sempre, principalmente nos momentos em que eu mais preciso de luz. Você é minha parceira, minha empresária, minha produtora, minha namorada... uma namorada eterna, que faz do meu cotidiano um filme de amor sem The End.

Lua de mel: eternos namorados, o casal Lilian e Renato curte a vida a dois.

Minha vida é cheia de anjos. Quatro deles, fui eu que fiz: Juju (a Juliana), Paulinho, Caxa (o Ricardinho) e Duda (Renato Jr.). Aí, quando eu menos esperava, chega você, um anjo a mais – anjo de paixão. E você não apenas encheu minha alma de flores como também me trouxe um anjinho a mais: a Livinha, minha caçula e minha parceira em vários trabalhos, a quem eu hoje vejo crescer como grande atriz. Com você, minha casa é sempre um pedaço do Céu. Minha, não... Nossa casa.

Em você eu admiro muita coisa: a boa fotógrafa, a ótima amiga, a mãe dedicada, a dona de casa exemplar, a esposa calorosa. Com você, eu, um trapalhão, fico me sentindo o mais feliz dos maridos.

Parodiando o poeta, "Eu vejo a vida pela luz dos olhos teus". Obrigado por você existir. Obrigado mais ainda por existir aqui em casa... juntinho de mim.

Beijos

Do teu... Antonio Renato Aragão

Alguns grandes encontros

O cantor Roberto Carlos faz uma participação no programa *Os Trapalhões*, da TV Globo, em 1979.

O tempo que se perde em inventar uma
mentira para encobrir uma falta que
cometemos com um amigo é muito maior
do que gastaríamos pedindo-lhe desculpas.

Severina

Nos últimos anos da ditadura militar no Brasil, Chico Anysio – por sugestão de seu então diretor na TV, Maurício Sherman – resolveu criar um personagem que lhe permitisse maior latitude nos comentários sobre os temas então correntes. Chico ficou matutando e acabou se fixando na ideia de uma mulher, uma gaúcha de Passo Fundo chamada

Renato no papel de Severina, a empregada doméstica da personagem Salomé: como a patroa, ela adorava um telefone, mas, em vez de conversar com o ex-presidente Figueiredo, falava diretamente ao povo.

Salomé, que tivesse acesso direto, por telefone, ao presidente da República – na época, o general João Baptista Figueiredo (1918-1999). O nome Salomé veio à memória de Chico porque, na Bíblia, esse era o nome da mulher que pediu a cabeça de João Batista numa bandeja. De cara, o personagem caiu nas graças do público, tendo, inclusive, atraído respostas diretas do governo.

A fim de satirizar o jeitão fino dessa gaúcha, Renato resolveu criar uma empregada para Salomé, a faxineira Severina. Enquanto a patroa só conversava com o presidente, ela falava com quem aparecesse na linha, até políticos, com um jeitão escrachado. Foi um êxito popular instantâneo. Mas o maior sucesso dela se deu em Portugal.

"Na época em que Dedé, Roberto Guilherme e eu fizemos *Os Trapalhões* lá na Europa para os portugueses, a Severina ficou muito popular, pois eles adoram política, e aí os redatores colocavam muita piada com questões de governo para ela dizer", lembra Renato, que entrava no ar caracterizado com bobes na cabeça e um batom exagerado.

Sherman e a câmera extra

Maurício Sherman, diretor que designou uma câmera só para os improvisos de Renato.

Responsável pela consolidação do sucesso do programa *Zorra Total* nas noites de sábado de 1999 a 2014, o diretor Maurício Sherman, um especialista na linha de shows da TV Globo, dedicou-se a implantar uma mudança de linguagem no programa *Os Trapalhões*. No período em que dirigiu o humorístico, além de ter sugerido a criação do baixinho Ananias, determinou o uso de uma câmera extra só para acompanhar os cacos que Renato adicionava aos esquetes sempre que fugia do roteiro. E põe caco nisso. Segundo Sherman, quando os cameramen menos esperavam, Aragão improvisava um gesto engraçado, às vezes quando estava fora de cena.

"Maurício dizia: 'Renato faz tanta coisa fora de quadro que precisa de uma câmera trabalhando só nisso.' Essa atitude dele fez as pessoas na TV entenderem que não se combina um caco, ele nasce na hora", diz o trapalhão. "No que eu estou decorando um texto, estou, de alguma forma, escrevendo, mentalmente, uma gag física, uma piada. É assim que eu funciono."

Trinity ainda é o nome deles

Em 1987, não havia domingo em que a Globo não exibisse, às tardes, filmes com os italianos Mario Girotti e Carlo Pedersoli (1929-2016), mais conhecidos como Terence Hill e Bud Spencer.

Aos 86 anos, longe das telas desde 2009, Bud Spencer cometeu a deselegância de morrer sem pedir licença ao nosso coração. Foi campeão olímpico de natação, jazzista, piloto de helicóptero, advogado, político e a metade mais forte, mais feia e corpulenta da dupla formada com o conterrâneo Terence Hill. Spencer contagiou gerações, vendeu milhões de ingressos e elevou a doçura das tardes de domingo da Rede Globo nos anos 1980.

Quem cresceu naquela década teve Spencer – dublado ora por Silvio Navas, ora por Antonio Moreno – como babá, em aventuras e faroestes sempre na chave da chanchada, com tapas na cara e socos na cabeça dos adversários. Adotado pelo cinema após uma ponta em *Quo Vadis* (1951), ele virou uma espécie de monólito da ala mais bufa do humor italiano, em spaghetti westerns cujo teor de trapalhada era maior que o de sangue. Basta um, o soberbo *Os quatro da Ave Maria* (1968), para se entender o grau de carisma que alcançou no arquétipo de Obelix do Velho Oeste de mentirinha, filmado quase sempre em Almería, na Espanha.

Juntos, ele e Hill eram Trinity, alcunha de uma franquia capaz de expandir as fronteiras do gênero. Ali, a dupla atingiu a covalência plena em sua química repetida em outros dezessete sucessos, incluindo o carnavalesco *Eu, você, ele e os outros* (1984), filmado no Rio de Janeiro, onde os dois fizeram festa no programa dos Trapalhões. Foram levados pelo produtor Salvatore Alabiso e simularam uma briga com Renato, usando uma cadeira como arma e quebrando-a na cabeça dos anfitriões brasileiros.

Carlo Pedersoli (Bud Spencer) e Mario Girotti (Terence Hill) comemoram o encontro com Renato, no Rio de Janeiro, onde filmaram *Eu, você, ele e os outros*.

E lá Spencer arranhou o português que aprendeu ouvindo música e em torneios de natação. Era homem de mil atributos, sobretudo o de nos fazer querer ser heróis. Acanhado, Hill se aventurava no espanhol. E eles perguntavam, quando foram usar a cadeira como tacape: "*Hay clavos?*" A pergunta referia-se ao medo de haver possíveis pregos. Mas não havia nenhum e a cena foi um riso só.

Há uma cena antológica deles em *Dois tiras fora de ordem* (1977). Em uma calçada estreita, Hill olha para Spencer, troçando de seu tamanho descomunal com toneladas de abdômen, e diz: "Ei, Jamanta! Caminhão é à direita." Dali nasceu uma parceria de décadas, celebrada no nome de um dos filmes de título mais bonito de toda a história do cinema: *Quem encontra um amigo encontra um tesouro* (1981). Essa amizade também foi estendida a Renato Aragão.

Grande Otelo deu bênção a Renato para repetir cena antológica de sua parceria com Oscarito em especial de TV dos Trapalhões.

Barão Otelo no barato dos Trapalhões

Uma das sequências mais emblemáticas da história do cinema brasileiro de todos os tempos é o trecho de *Carnaval no fogo* (1949) em que Grande Otelo, sob as tranças de Julieta, vive uma noite de Shakespeare cortejado por Romeu-Oscarito num balcão. "Só ri do sofrimento aquele que nunca sofreu. Com as asas do amor, eu transpus muros, pois muralhas de pedra um amor não contém", diz Oscarito, com peruquinha à la Príncipe Valente, empenhado em conquistar sua "amada". Pois não é que sobrou para Renato refazer essa sequência na TV, sob o comando de um dos mais autorais realizadores da comédia nacional, Carlos Manga (1928-2015)?

Em suas andanças pela TV, entre compromissos com a publicidade e o cinema, Manga fez um especial na Globo no qual decidiu revisitar essa cena clássica da chanchada, mas usando Renato e Grande Otelo. Ao saber que contracenaria com o parceiro de Oscarito, que, àquela época, já havia partido deste mundo, Renato foi pedir licença a ele antes de reviver um dos momentos mais lendários de nosso audiovisual.

Cheio de emoção, Renato procurou Grande Otelo: "Mestre, eu queria fazer aquela cena que você fez com o Oscarito. Você me dá permissão para fazer o seu papel?", perguntou Renato. E Grande Otelo respondeu assim: "Vá! Faça!" Bênção dada. Só que tinha uma surpresa aguardando o trapalhão: contrariando o que havia sido esboçado, Manga fez com que Renato fizesse o papel de Oscarito nessa recriação de Romeu e Julieta, e Grande Otelo repetiu o papel, voltando a fazer a heroína romântica de Shakespeare.

Com as graças de Mário Wilson

Existem diretores que marcaram a trajetória profissional de Renato pela excelência estética que garantiram aos seus esquetes. E existem aqueles que, além de aportar requinte às narrativas do trapalhão, deram a ele conselhos ou oportunidades que mudaram seu caminho para melhor. Mário Wilson foi um deles. Ele integrou o *dream team* que capitaneou a entrada de *Os Trapalhões* na TV Globo e estaria ao lado de Aragão ainda no *Criança Esperança*, na segunda metade da década de 1980.

No início dos anos 1970, Renato estava fazendo *Os insociáveis* na Record, onde ia bem, graças ao cuidado de Paulo Machado de Carvalho com seus talentos. Mas eis que um dia apareceu um convite para que fosse se encontrar com Mário, então parte do staff da TV Tupi. O encontro era a deixa que Wilson precisava para tentar levar o astro para sua emissora, de volta ao Rio. Foi nessa conversa que nasceu a ideia que caracteriza *Os Trapalhões* por cerca de quatro décadas e meia (e contando...).

"Ele virou para mim e disse: 'Renato, vamos fazer *Os Trapalhões*? Sou eu que estou mandando lá. Vamos fazer um programa de duas horas lá! E vai ser *Os Trapalhões*, sem adjetivos antes, como era no programa da Excelsior, porque nesse grupo aí não tem nada de adorável!", lembra Renato, elogiando não apenas a troca criativa com o diretor e roteirista como também seus dotes como redator.

O período na Tupi foi curto, não só por atrasos de pagamento, mas sobretudo pelo chamado de Boni para que o grupo se transferisse para a Globo. Logo que mudou para essa nova casa, Renato voltou a cruzar com Wilson.

Anos depois, na década de 1980, ainda viria a trabalhar com o filho dele, o roteirista Mauro Wilson, supervisor de texto de *Os Trapalhões* em sua versão 2017. "Meu pai conheceu o Renato desde o começo, escreveu e dirigiu para eles, e ficaram amigos", conta Mauro, que ajudou a imprimir o tom de excelência alcançado pela versão dos anos 2010. "É uma comédia sobre quatro sujeitos confusos que, ao lado dos tios Didi e Dedé, não sabem direito o que querem da vida."

Aconteceu... virou Manchete!

Nas páginas de um dos melhores livros de balanço histórico recentemente lançados no Brasil, *Os irmãos Karamabloch*, o jornalista e cronista Arnaldo Bloch lança luz sobre um império midiático que tinha na revista *Manchete* um pilar – em termos de notícia, análise, fotografia e brasilidade. O homem por trás desse jardim fértil para o jornalismo foi Avram Yossievitch Bloch (1908-1995), mais conhecido como Adolpho, um dos raros nomes da imprensa a reconhecer o talento dos Trapalhões e a força estética da arte de Renato.

Os dois foram grandes amigos: Adolpho admirava a determinação que levou o comediante a deixar Fortaleza e ir para uma metrópole que pode ser bastante hostil com quem imigra para tentar a sorte. Originário da cidade de Jitomir, na Ucrânia, essa era uma história que conhecia bem, pois ergueu a Rede Manchete à custa de muito suor.

Mas a presença dele neste livro se deve, antes de tudo, a um presente que Adolpho deu a Renato. Certa vez, ao passar na redação da *Manchete* para dar um abraço no empresário, o trapalhão engatou uma conversa sobre seu pai, Paulo, e sobre a vontade de não deixar que a obra literária dele se perdesse, sobretudo seus poemas. Eis que Adolpho pediu os originais a Renato e disse apenas "Deixa comigo". Dito e feito: pouco tempo depois, o livro *Poesias e crônicas*, de Paulo Ximenes Aragão, saiu publicado sob o selo da Bloch Educação. Ali estão versos como os de "Meninice": "Nasceste. Essa alameda adiante desdobrada/ É a infância. Brinca, ri, desata a gargalhada/ Mimosa de quem vê pela vida esperanças."

Não havia "muito obrigado" capaz de pagar o gesto de Adolpho Bloch. Mas seu lugar de amigo ficou cravado para sempre no coração de Renato Aragão.

Os irmãos Paulo e Renato agradecem a Adolpho Bloch pela edição dos poemas e crônicas do pai deles.

South American Way

Se a chave do humor de Renato vem do trabalho corporal, o seu gestual é fruto do amálgama de um triângulo de referências, com três ídolos. Oscarito é um dos vértices. Chaplin, o segundo. O terceiro carrega a leveza e a inteligência feminina: estamos falando de Carmen Miranda (1909-1955).

"Ela me conquistou como espectador, no cinema, cantando 'o tico-tico cá, o tico-tico lá' e contracenando com Groucho Marx. Na hora em que eu bati os olhos naquela mulher, com aquele chapéu de frutas, ela me conquistou. Estava diante de alguém que desafiou barreiras idiomáticas, que cruzou fronteiras culturais", lembra Renato, fã de filmes como *Uma noite no Rio* (1941) e *Copacabana* (1947). "Depois que a vi no cinema, comprei vários discos dela e comecei a assistir a seus filmes. A partir daí, ela virou uma influência para o meu trabalho, mesmo não tendo nada a ver com meu estilo de atuar. Ela era uma cantora, uma atriz profissional. Alguém com experiências diferentes das minhas. Quando ela cantava, não sobrava para ninguém em cena, na tela. A presença dela apagava os outros."

A paixão de Renato por Carmen é tão grande que, numa ocasião em que estava em Los Angeles, na década passada, fez questão de passar em frente à casa onde ela morou. "Eu fiquei maluco. Mandei parar o carro e falei: 'Vamos aí! Bate foto, bate foto.' Eu não queria mais sair dali. Queria ficar naquele lugar para sentir a vibração deixada por ela", diz Renato, que conviveu com um dos músicos do Bando da Lua, que acompanhava Carmen Miranda: o cavaquinista e banjista Zé Carioca.

"Ele foi meu parceiro e um cicerone pra mim nos Estados Unidos; foi ele quem me mostrou tudo em Los Angeles. Tudo mesmo, até a Disneylândia. O cara, já com 90 anos, me levou àqueles parques todos. Era um sacrifício enorme pra ele, mas ele não parava de falar. Por isso que o Walt Disney botou o nome de Zé Carioca no personagem do papagaio que interagia com o Pato Donald", diz Renato. "Costumava fazer uma anedota sobre ele de que todo mundo gosta. É assim: a cúpula da Disney se reuniu para botar o nome no ratinho. Aquele mesmo, aquele ratinho que virou um símbolo do Disney... mas nada de acharem um nome. Naquela época todo mundo fumava. Aí ficaram lá, fumando e dando palpites, só que o Disney não gostava de nada. Então um cara estava falando e sem querer o Zé Carioca encostou nele o cigarro. O cara gritou: 'Me queimou, Zé!' Disney ouviu a expressão, mas, em vez de 'Me queimou, Zé', entendeu 'Mickey Mouse' e disse: 'Isso mesmo... É isso... Bota aí!' E ficou."

A "pequena notável" foi um dos ícones da juventude de Renato: lições de brasilidade para o mundo.

Cara a cara com Oscarito

Se o encontro com Grande Otelo foi bonito, o que dizer do dia, anos antes, em que Renato ficou frente a frente com Oscarito? Foi mais ou menos assim...

Época do Cinema Novo, de inquietação política e experimentação narrativa, a década de 1960 estava chegando ao fim e a chanchada já não era mais a maior diversão do brasileiro nos cinemas. Faltava pouco para o lançamento de *Os paqueras* (1969), de Reginaldo Faria, comédia erótica (mas leve para os padrões atuais) que viria a inaugurar uma nova e mais apimentada fase do nosso audiovisual: a era da nossa gostosa pornochanchada. Naquele momento, os ídolos da comédia carnavalesca se viravam em outras praças, sobretudo no teatro. Esse era o caso de Oscarito, o ídolo maior do filão, que aproveitou sua veia cênica e foi fazer humor nos palcos.

Em meio a uma temporada nos teatros do Rio, Oscarito foi procurado por um velho parceiro de cinema, o ator Colé (1919-2000), que era tio de Dedé Santana. Membro da família circense na qual Dedé foi criado, Colé resolveu fazer um favor ao melhor amigo de seu sobrinho: fez a ponte para que Oscarito recebesse no camarim um aspirante a ás do riso chamado Renato Aragão.

Era 1966, e ele estava contracenando com Dercy Gonçalves (1907-2008) numa montagem de *Cocó, My Darling*, de Marcel Mithois, sob a direção de José Maria Monteiro, no Teatro João Caetano. Com a ajuda de Colé, Renato entrou no camarim, transpirando adrenalina e ansiedade, e viu Oscarito, em carne e osso. Dedé virou para ele e disse:

– Esse aqui é um fã teu!

E o Oscarito respondeu:

– Pode entrar.

Esse primeiro contato provocou tamanho abalo no coração do jovem cearense de Sobral – que via e revia os filmes do ídolo lá no Cine Majestic – que resultou apenas em tremor e gagueira. "Quando dei de frente com ele, fiquei assim, estático, olhando, paradão, cultuando aquele gênio", lembra Renato. "Nessa época, eu já estava na TV, tinha feito a Tupi, e ele disse que tinha me visto na televisão. Aí acabou comigo: imagina a pessoa de quem você é tiete, fanzoca mesmo, saber que você existe e gastar tempo conferindo seu trabalho. Ele fez isso."

Renato virou para ele e disse:

– Eu vim aqui te agradecer, Oscarito. É por sua causa que eu tô nessa vida de artista.

Ao que o astro maior da chanchada respondeu, numa espécie de bênção que até hoje comove Renato:

– Eu tenho visto você. Você criou seu próprio estilo. Vá em frente.

Detalhes tão pequenos deles dois

Ficou famosa na TV a interpretação que Renato fez da música "Cama e mesa", imitando Roberto Carlos em um duo com Mussum exibido no programa *Os Trapalhões* no início dos anos 1980. Mas a proximidade de Renato com o Rei vai além disso, uma vez que os dois desenvolveram uma amizade fora da telinha e quase rodaram um filme juntos.

"Eu convivi com o Roberto em Los Angeles. Na época de *Os saltimbancos*, eu tinha passado um tempo lá para organizar tudo da filmagem. E aluguei, por dois meses, um apartamento em Marina del Rey. Ele ainda era casado com a atriz Myrian Rios e, um dia, me disse: 'Renato, vou mixar um disco em Los Angeles, me arruma um apartamento por lá.' Ele era vidrado em barcos, teve o *Lady Laura*. Eu consegui

Detalhes tão pequenos deles dois: Roberto Carlos confere o cover feito por Renato na TV Globo.

um apartamento para ele no mesmo prédio. Fazia total sentido ele ir morar numa marina", conta Renato. O trapalhão só ficou sem jeito de dizer para o amigo, que tem TOC em relação a cores escuras, que o apartamento era todo decorado em tons de marrom.

Apesar disso, Roberto consentiu no aluguel (bastava uma demão de tinta clara antes de o cantor se instalar por lá) e Renato acabou, pouco depois, encontrando-se com ele na casa de outro dínamo da música, Sergio Mendes, que mora há décadas nos Estados Unidos. Na parede de seu estúdio, Sergio mantém a foto dos homens que construíram o local. O motivo: um deles foi Harrison Ford, que trabalhava como marceneiro antes de virar Han Solo e Indiana Jones.

Roberto recebeu visitas do eterno trapalhão quando os dois acalentavam o desejo de filmar um longa-metragem juntos, sob a direção de Roberto Farias, que rodou três filmes de sucesso com o Rei nos anos 1960. Só que o filme não vingou, por conta da agenda atribulada de ambos. Mas a amizade deles continua firme e forte.

O jovem Edson Arantes

Cerca de 27 anos antes de contracenar com Pelé em *Os Trapalhões e o Rei do Futebol* (1986), Renato teve um primeiro encontro – de longe, mas beeeeeeem de longe – com o nosso maior craque dos gramados. E isso aconteceu no Ceará, lá pelo finzinho dos anos 1950, no Estádio Presidente Vargas, em Fortaleza. Renato se orgulha de ter jogado muito nesse estádio na época em que era universitário. Mas a lembrança mais forte que guarda de lá, de sua adolescência, foi da noite em que se acotovelou entre uma multidão, apertada ali nas arquibancadas, para ver jogar o jovem campeão do mundo da Copa de 1958.

Foi no ano seguinte ao da Copa, e o jogo era um amistoso entre o Santos e o Fortaleza. Placar: 2 a 2. Mas o escrete da Vila Belmiro chegou sem Pelé. Todo o resto do time viajou antes, porque, na ocasião, o jovem Edson Arantes do Nascimento estava servindo o Exército. E só foi liberado mais tarde, a tempo apenas de pegar o último voo para Fortaleza.

Como as horas iam passando e nada de o Pelé chegar, o time do Santos entrou em campo mesmo sem o jogador principal. Numa determinada hora, o estádio todo – com Renato lá dentro – olhou para cima e viu um avião comercial sobrevoar o estádio bem baixinho. Logo depois, os alto-falantes do estádio anunciaram que Pelé estava a bordo. A alegria correu solta, e não só nos corações santistas.

Como o aeroporto ficava perto do estádio, estenderam o intervalo da partida só para dar tempo de Pelé chegar. No segundo tempo, o cara entrou, fez dois gols brilhantes, imortalizando-se aos olhos de todos e comovendo Renato, que, anos depois, viria a atuar com ele.

Fortaleza parou para ver o jovem Edson Arantes do Nascimento, o Pelé, jogar, em 1959, no Estádio Presidente Vargas. Renato também marcou presença no jogo.

Mais histórias com Pelé

Depois do primeiro "encontro" com Pelé, no Estádio Presidente Vargas, em Fortaleza, passaram anos até Renato Aragão e Edson Arantes do Nascimento voltarem a se cruzar, e dessa vez acabaram ficando amigos. Com a majestade de quem nunca precisou se proclamar rei, tanto Didi quanto Pelé têm o reconhecimento de seus súditos por todo o Brasil.

Depois que se tornou parceiro de Renato no filme *Os Trapalhões e o Rei do Futebol*, Pelé, aliás, revelou ao amigo um pouco dos bastidores de outro filme que protagonizou: *Fuga para a vitória*, de 1981. Na trama, os prisioneiros de guerra das forças aliadas disputavam uma partida contra seus guardas, da Alemanha nazista.

Ao lado de Pelé, no filme dirigido pelo premiado diretor John Huston, jogaram outros grandes craques do futebol mundial, como o argentino Ardiles, campeão da Copa do Mundo de 1978, e o inglês Bobby Charlton, capitão da seleção da Inglaterra vitoriosa em 1966, além de Kazimierz Deyna, eleito o melhor jogador da Polônia em todos os tempos.

Mas a grande surpresa nesse filme veio da parte do então iniciante Sylvester Stallone, no papel de um americano que virava goleiro da equipe dos Aliados. Com papel de destaque na trama, ao lado do talentoso Michael Caine, Stallone pegou um pênalti no fim da partida. No final das contas, porém, como jogador de futebol, Sylvester Stallone era um ótimo boxeador. Seu personagem mais famoso, o pugilista Rocky Balboa, entrou para a história do cinema a partir de 1976, quando passou a estrelar uma série de filmes (são sete até agora... e o oitavo, *Creed II*, estreia em 2018) de uma franquia que faturou 1,3 bilhão de dólares (1.379.010.055) nas bilheterias mundiais.

Devido à total falta de habilidade de Stallone com a bola, Pelé contou a Renato que o roteiro teve que ser adaptado para que o agora velho Syl ficasse protegendo a meta aliada. Mesmo assim, nas filmagens, Stallone ainda quebrou um dedo ao tentar evitar um gol do Rei do Futebol. Se no gol já foi difícil, na linha, para ele, definitivamente não dava. Já se fosse o Renato...

João Paulo II, o Santo

Em sua terceira visita ao Brasil, em 1997, o papa João Paulo II (1920--2005), que havia passado por aqui em 1980 e 1991, celebrou uma missa campal no Aterro do Flamengo para 2 milhões de pessoas. Veio para o II Encontro Mundial das Famílias, evento católico que, naquele ano, seria celebrado no Rio de Janeiro. Ao saber da visita papal, Renato ficou emocionado com a possibilidade de conhecer pessoalmente o Sumo Pontífice. Como este tinha um encontro com autoridades nacionais, inclusive o presidente Fernando Henrique Cardoso, o trapalhão acabou incluído na cerimônia, não só por sua explícita religiosidade, mas por seu trabalho para o Unicef. Nessa ocasião, o vice-presidente

Num encontro mediado pelo então vice-presidente Marco Maciel, em 1997, Renato, acompanhado de Lilian, ouve um recado do papa João Paulo II sobre seu trabalho com as crianças: "Olha, hein, vê se faz isso direito!"

da República, Marco Maciel, traduziu para Sua Santidade o que os convidados falavam em seus cumprimentos.

Na vez de Renato, houve uma apresentação toda especial feita por Maciel: "Este cuida das nossas crianças." Ao ouvir aquilo, João Paulo II olhou nos olhos do trapalhão pelo que parecia ser uma eternidade e apertou sua mão até que disse: "Olha, hein, vê se faz isso direito!"

"Naquele momento, eu me senti como se estivesse apertando a mão de um santo", diz Renato, que nunca descuidou do seu trabalho assistencialista. Seu amor pelas crianças é amparado ainda pela fé ardorosa nos santos padroeiros dos baixinhos: não há um ano que se passe sem que Renato distribua, no dia 27 de setembro, saquinhos de doces pelo Rio, para crianças pobres, em gratidão a tudo o que os santos Cosme e Damião lhe proporcionaram.

Jarbas Barbosa, o irmão do Velho Guerreiro

Desde que viu Oscarito pela primeira vez, Renato ficou apaixonado por cinema. Assim, ao surgir a possibilidade de fazer o seu primeiro filme, o trapalhão não hesitou: queria brilhar na mesma seara onde o seu ídolo era rei. Nessa época, 1960, o cinema tinha na chanchada a sua principal fórmula de sucesso, nela reconhecendo uma cartilha popular, com espírito carnavalesco e elementos técnicos típicos do rádio. Grandes diretores se firmaram no gênero, como Carlos Manga e Adhemar Gonzaga, e artistas multifacetados, como Cajado Filho, injetaram beleza plástica nos cenários e enredos, os quais acabaram imortalizando incontáveis astros e estrelas.

Outro movimento que tomou de assalto as telas brasileiras foi o Cinema Novo, pedra fundamental da nossa modernidade audiovisual, empenhado no projeto de fazer da expressão artística um instrumento da revolução. Jovens diretores, como Glauber Rocha, Ruy Guerra, Joaquim Pedro de Andrade, Leon Hirszman, David Neves, Carlos "Cacá" Diegues e Paulo César Saraceni, estavam entre os participantes de maior força poética nesse movimento estético. E um dos principais exemplares do engajamento ético e político do Cinema Novo, o filme *Os fuzis*, de Ruy Guerra – ganhador do Urso de Prata no Festival de Berlim de 1964 –, teve como produtor Jarbas Barbosa, irmão do Velho Guerreiro, Chacrinha.

Foi em meados da década de 1960 que Jarbas viu Didi e Dedé em ação. Muito inteligente, vislumbrou ali uma oportunidade de reconquistar o grande público para o cinema nacional. Para tanto, pensou em juntar a dupla a Aurélio Teixeira, que sabia tudo de ritmo narrativo, o que garantiria bons resultados de bilheteria.

Se na época de Oscarito o que mais tocava nas rádios eram as marchinhas de carnaval, na década de 1960 era o novo ritmo do iê-iê-iê que fazia a alegria dos jovens no mundo. E também no Brasil, onde o principal movimento ligado à juventude era a Jovem Guarda. Jarbas juntou as ideias e bolou: "Vamos fazer como naquela época, mas com essa dupla em vez do Oscarito e essas músicas de iê-iê-iê, visando a turma da Jovem Guarda." E não deu outra: o filme *Na onda do iê-iê-iê*, baseado em argumento de Renato Aragão e Aurélio Teixeira, foi um tremendo sucesso.

Jarbas Barbosa era um homem de extrema sensibilidade e percepção para televisão e negócios. O empresário tinha um escritório muito grande no centro da cidade, onde Renato e Victor Lima foram oferecer uma história. "Vou pensar! Vou pensar!" Como eram quase seis da tarde, decidiram ir embora. Na porta do elevador, Victor comentou: "Também tenho aí outra história que queria adaptar para o cinema: *Ali Babá e os quarenta ladrões*." Ao chegar ao andar térreo, o porteiro disse que Jarbas pedira que subissem de volta.

Ele era assim. Tinha uma intuição certeira. Victor contou a história, que girava em torno de uma dupla, Didi e Dedé, de bandidos contrabandistas e de uma pedra com um aparato eletrônico que abria um portão quando se dizia: "Abre-te, Sésamo!" Na mesma hora, Jarbas começou a pensar onde faria a locação. E, com o sucesso estrondoso do filme, o irmão do Velho Guerreiro ganhou um bom dinheiro.

O céu de Santo Amaro

O ano de 1981 foi inesquecível para Renato não apenas pela ótima aceitação do programa dominical na Globo ou pela calorosa recepção do público e da classe artística a *Os saltimbancos Trapalhões*, mas também por conta de um presente recebido do filho de Claudionor Viana Teles Veloso, a Dona Canô. Naquele ano, chegou às rádios a música "Jeito de corpo", trazendo os versos de Caetano Veloso: "Eu sou Renato Aragão, santo trapalhão/ Eu sou Mussum, sou Dedé/ Sou Zacarias, carinho/ Pássaro no ninho/ Qual tu me vê na tevê."

Foi num voo que se deu a origem dessa música, que integrava o LP *Outras palavras*. Num dia de batente, Renato ia fazer um show no interior de São Paulo com os Trapalhões. O grupo pegou um voo para Ribeirão Preto, rumo a uma localidade ainda mais distante, para onde seguiriam de ônibus para um evento em um circo. Por um desses milagres que chamamos de coincidência (pseudônimo que Deus usa quando não quer se fazer notar), Caetano também estava percorrendo a mesma estrada num ônibus, com a sua banda. Em certa altura do percurso, os veículos se cruzaram e os dois se reconheceram. As janelas se abriram e os artistas engataram um papo:

– Então, Caetano, como é que você está? A gente vai fazer um show logo ali...

E o cantor respondeu:

– Ô, Renato, a gente tá vindo de lá.

Ambos trocaram votos de "Boa sorte!", mas Caetano emendou a despedida com uma promessa: "Vou fazer uma música para você!" Renato não levou muito a sério. "Poxa, esse cara... um poeta desse tamanho... dessa magnitude... vai fazer música para mim? Quem sou eu para tanto? Caetano é um artista grande demais."

No início dos anos 1980, ao preparar o LP *Outras palavras*, Caetano Veloso gravou "Jeito de corpo" em homenagem ao comediante: "Eu sou Renato Aragão/ santo trapalhão."

E o tempo passou. Pouco tempo. Um dia, numa rádio FM, Renato ouve o seu nome sendo cantarolado na voz do amigo baiano. No peito, só veio aquela emoção: "Estou realizado. Não preciso de mais nada na vida. Já fiz cinema, televisão, agora o Caetano fez uma música pra mim!", pensou, enquanto digeria os versos que até hoje derretem seu coração. "Essa é uma lembrança que ainda me emociona."

Jornada na estrela de Robert Wise

Duas vezes ganhador do Oscar de melhor diretor – em 1966, por *A noviça rebelde*, e, em 1962, por *Amor, sublime amor* –, o diretor Robert Wise (1914-2005) visitou o Brasil nos anos 1980 e, por indicação do consulado brasileiro em Los Angeles, recebeu a sugestão de falar com a Renato Aragão Produções para que fosse devidamente ciceroneado no país. Devido à sua carregada agenda de compromissos no cinema e na TV, Renato pediu a sua secretária que cuidasse dele da melhor forma, levando aquele mito de Hollywood para cima e para baixo. A cabeça do trapalhão estava tão focada nos seus afazeres que mal se deu conta de quem estava recebendo. Depois de muito curtir o Rio, Robert Wise ofereceu um jantar a Renato, em agradecimento. "Então

Realizador de sucessos como *A noviça rebelde*, o cineasta Robert Wise (1914-2005) e sua esposa, Millicent, no Rio de Janeiro, em visita ciceroneada por Renato.

o senhor produz filmes e faz TV?", perguntou Wise, ao que Renato respondeu: "É... fiz alguns filmes. E o senhor, faz o quê?"

Ao mencionar os filmes que havia dirigido, entre eles *Jornada nas estrelas*, *A noviça rebelde* e *O dia em que a Terra parou*, o trapalhão começou a se apequenar na cadeira enquanto pensava: "Estou com um gigante na minha frente." Quando Wise falou que havia montado *Cidadão Kane*, a vontade de Renato era de se esconder embaixo da mesa, de timidez... e por não se achar à altura daquele mito, tão doce e gentil. Mas o resultado dessa história, além de uma grande amizade, é uma foto que Renato ostenta com carinho na parede de casa. Anos depois, quando foi aos Estados Unidos, foi a vez de Wise receber Renato. O afeto entre eles só aumentou.

Legado

Os cientistas afirmam que nos primeiros dias de vida, embora não saiba discernir, a criança precisa de contato físico, amor e afeto.
Se todos seguíssemos essa regra, teríamos uma sociedade mais sadia e mais feliz.

•

As espadas, os fuzis e as bombas atômicas são armas de ataque e defesa dos povos passados.
As armas modernas, dos povos civilizados, são a solidariedade, a compreensão e o amor ao próximo.

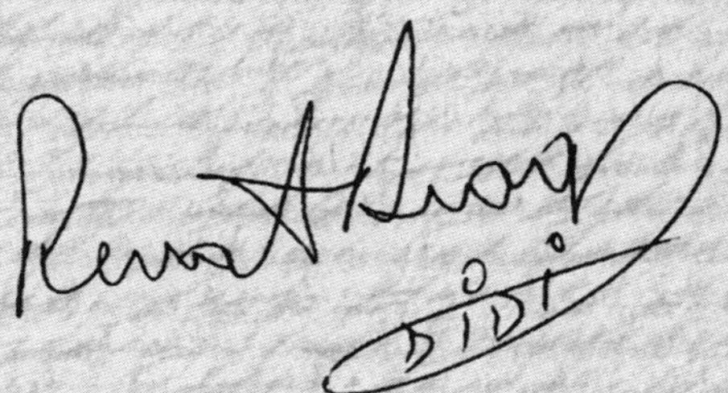

Ao elencar os cem melhores filmes nacionais de todos os tempos, numa enquete com alguns dos mais prestigiados analistas da produção audiovisual do país, a Associação Brasileira de Críticos de Cinema (Abraccine) incluiu Os saltimbancos Trapalhões *(1981) em sua lista, sob critérios estéticos que a imprensa especializada raramente usou com a comédia verde e amarela. Em geral, nos livros de cinema, a importância que se dá ao trabalho cinematográfico de Renato é quantitativa, econômica, relativa aos 130 milhões de ingressos (algumas fontes dão 170 milhões) que ele vendeu. Mas, nesse caso, do livro da Abraccine, organizado por Paulo Henrique Silva, o reconhecimento dado a Aragão não vem de seu papel de "formador de plateia", mas sim de sua capacidade inventiva para criar humor nas situações mais corriqueiras. Segundo o artigo assinado pela crítica Fatimarlei Lunardelli: "Os elementos circenses e o discurso do artista mambembe, comprometido com a arte simples, destinada ao povo, combinam com o espírito cômico de Os Trapalhões."*

Seu texto é um indício do legado artístico – e por que não autoral? – de Aragão como artista. E não foi apenas ela quem ressaltou a grandeza de Os Trapalhões. No bloco a seguir, uma série de teóricos de respeito analisam a maneira Didi de ser... engraçado... transgressor... comunicador... e de integrar o Brasil pela gargalhada.

A importância transmidiática dos Trapalhões

Por *Mauro Alencar*, consultor e pesquisador da TV Globo

Em meados da década de 1970, a televisão brasileira vivia um período de intensa renovação e modernização. A pioneira TV Tupi apresentava, em 1974, *Os Trapalhões*, programa comandado por Renato Aragão, Dedé Santana, Mussum e Zacarias. Em 1976, o *Programa Silvio Santos* já havia deixado a TV Globo, que buscava novos caminhos para preencher o seu *Bom Domingo*, título que enfeixava a programação do dia. Faltavam, entretanto, o humor, o deboche, a paródia, a sátira, o circo

Cena de *Os Trapalhões na serra Pelada*, filme de J. B. Tanko ambientado no maior garimpo a céu aberto do país.

que antecedesse à realidade exibida pelo *Fantástico* às oito da noite. Era como se faltasse a máscara da comédia, deixando a tragédia à espera de um complemento para representar o que somos: uma mistura de drama e humor.

Nesse contexto, em 1977 a trupe liderada por Renato Aragão, o Didi, chega à emissora do Jardim Botânico, no Rio de Janeiro. Nada mais apropriado que reunir as diversas vertentes do humor em um único programa, a encaixar-se perfeitamente no *Show da vida*. Renato Aragão inspirava-se no cinema, nas chanchadas da Atlântida (Oscarito como influência maior); Dedé nascera sob a mágica do circo, era palhaço; Mussum, do subúrbio carioca, músico dos Originais do Samba, recebera determinante influência de Grande Otelo por meio do teatro de revista e do programa *Bairro feliz* (Globo, 1965); e Zacarias era radialista, intérprete de tipos caipiras.

Montando esse quebra-cabeça tão bem-humorado, que teve como base Oscarito (ele, de família circense, acrobata e palhaço) e Grande Otelo – os geniais protagonistas da Atlântida –, não há dúvidas da importância do grupo como um dos pilares do humor na televisão brasileira. Tendo em mãos todo esse arsenal de inspiração popular – das raízes circenses à comunicação radiofônica –, o grupo pôde saltar com segurança para a moderna televisão brasileira que então se estabelecia, fazendo-nos rir de (e refletir sobre) nossa condição humana. E utilizando-se de diversos segmentos da mídia – televisão, cinema, história em quadrinhos, jogos, publicidade e propaganda –, podemos afirmar que o circo armado pelos Trapalhões iniciou, com paixão e ousadia, uma narrativa transmídia do humor no Brasil. Certamente, a visão festiva da vida e o riso sem maiores compromissos provocado em milhões de espectadores ultrapassaram as lonas dos circos, os estúdios da televisão e geraram novas expressões artísticas que estão por aí.

O riso na TV

Por *Paulo Senna*, jornalista e pesquisador da história da teledramaturgia

Hoje o humor na televisão brasileira depende muito mais da palavra do que das gags cômicas. No passado, sobretudo na década de 1960, a TV contava com verdadeiros comediantes, que quase prescindiam de um texto para estarem em cena. Nessa época de experimentação, em que tudo era novidade, os comediantes que se apresentavam na TV vinham do circo, do teatro de revista, da praça Tiradentes. Quase não existiam autores de humor. O humor dependia do próprio comediante.

Eram impressionantes as filas que se formavam diante das salas de cinema para ver uma nova película estrelada por Oscarito, que costumava roubar todas as cenas de que participava. Uma delas é antológica no cinema brasileiro: a que faz com Eva Todor no corredor de um hotel. Quando se encontram, ambos usando um vestido igual, nem Oscarito nem Eva titubeiam e passam a agir como se estivessem diante de um espelho. A reação do público não poderia ter sido melhor.

Na TV Tupi, houve o primeiro programa dedicado à criançada: o *Circo Bombril*, depois renomeado como *Circo do Carequinha*. Apresentado pela TV Rio, o *Circo do Carequinha* já trazia essa irreverência, embora, como palhaço, não fosse considerado pelos teóricos entre os comediantes. Porém o palhaço tem muita coisa em comum com o verdadeiro comediante, sobretudo o que vem da *commedia dell'arte*, que primava pela espontaneidade e a improvisação. Exatamente como funcionava a televisão em seus primórdios. Como ninguém tinha experiência nesse veículo, tudo se fazia na base do "Vamos ver se dá certo", que nada mais era do que o improviso. No programa *A, E, I, O... Urca*, exibido em 1963 nas tardes de domingo pela TV Tupi, o quadro com maior repercussão foi o vivido pelo comediante pernambucano José Santa Cruz, no papel do Jojoca, contracenando com Lúcio Mauro, como o Zé das Mulheres.

Uma emissora carioca – a TV Rio – armou sua programação com esse espírito de humor. E chegou a ser destaque por programas como *O riso é o limite*, *Teatro psicodélico*, *Chico Anysio show* e *Show Praça Onze* (este com números musicais, além dos quadros humorísticos). Pelo elenco da TV Rio passaram os grandes comediantes da época, como Ronald Golias, Costinha, Dercy Gonçalves, Consuelo Leandro e Chico Anysio.

A irreverência de Golias – um dos ídolos de Renato Aragão – era então insuperável. Na década de 1960, com o programa *Família Trapo* – apresentado pela TV Record, canal 7, em São Paulo, e pela TV Rio, canal 13, no Rio de Janeiro –, no qual vivia o impagável personagem Bronco, aconteciam coisas que hoje, infelizmente, não seriam aceitas. Durante o programa, Golias costumava sair de cena de repente, a fim de ir ao banheiro, mas avisava: "Vou ali, mas volto logo." Otelo Zeloni não perdia a deixa e lembrava: "Não esquece de dar a descarga."

Já a TV Excelsior, inaugurada em 1960, tentava transferir para a televisão a linguagem dos espetáculos do teatro de revista. Um dos seus grandes destaques foi o programa *Times Square*, com astros do humorismo brasileiro como Castrinho, Hugo Brando, Geraldo Barbosa, Roberto Guilherme, Annik Malvil, Lilian Fernandes, Myriam Pérsia, Ema D'Ávila, Waldir Maia, Hamilton Ferreira, Paulo Celestino, Daniel Filho, Zélia Hoffman, Lupe Gigliotti, Dorinha Duval, Grande Otelo e Aizita Nascimento. Tratava-se de uma sequência de quadros de humor, quase sempre musicados. Em 1966, estreava na Excelsior o programa *Os adoráveis Trapalhões*, nessa época composto por Renato Aragão, Wanderley Cardoso, Ivon Curi e Ted Boy Marino. Com a saída de alguns integrantes, outros foram incorporados, como Mussum e Zacarias, mas sempre mantendo Renato Aragão como o cabeça do grupo. Já em 1974, o grupo de comediantes acabou se tornando um dos quadros mais famosos da TV brasileira. Ao mudar para a TV Tupi nesse ano, Renato Aragão fez com que Os Trapalhões se fixasse como o nome oficial do grupo.

Em 1965, com a chegada da TV Globo, esta também incluiu em sua programação os programas de humor, dos quais o mais marcante foi o *Dercy Comédias*, apresentado às sextas-feiras e totalmente dedicado ao humor e aos improvisos de Dercy Gonçalves. Outros programas de sucesso foram o *TV O, Canal 0*, apresentado às terças-feiras, e o *TV 1, Canal ½*, apresentado às quintas. Os comediantes Paulo Silvino e Agildo Ribeiro eram os apresentadores, respectivamente, de cada um desses programas, que depois se fundiram no *TV O, TV 1*. Este contava com Carlos Leite, Lúcio Mauro, Milton Gonçalves, Nádia Regina, Rui Cavalcante, Tião Macalé e o impagável Zé Trindade.

Oriundo do rádio, estreou na Globo, no início da década de 1970, o programa *Balança mas não cai*, com Sônia Mamede, Brandão Filho, Tutuca, Ary Leite, José Santa Cruz e Lúcio Mauro (que formavam a dupla Zé e Jojoca), entre outros. E na esteira deste vieram outros, como o *Chico Anysio especial*. Já em 1977, para a alegria dos telespectadores, o humor irreverente e espontâneo voltou ao ar, com a estreia de *Os Trapalhões*, agora na Rede Globo.

A pedra do tesouro

Ao conhecer Dedé, num duo com Teresinha Elisa no qual o artista circense exibia seus múltiplos talentos, Renato ganhou um parceiro para a vida inteira e ainda ouviu dele um bom conselho: "Cara, desculpe falar, mas esse seu bigodinho aí está fora de moda." Já de cara limpa, os dois começaram a trabalhar juntos, fazendo TV e um filme, o primeiro que Aragão iria estrelar: o curta-metragem *A pedra do tesouro* (1965), dirigido por Roberto Farias. Eles viviam dois aventureiros destrambelhados lutando para descobrir a riqueza incrustada numa rocha. Ali, enfim, o sonho de fazer cinema virou verdade. Era um primeiro passo que levaria a uma trajetória de nada menos do que meia centena de títulos, os quais fariam do trapalhão o maior recordista de público do nosso cinema. Não existem números oficiais que reflitam, com exatidão, a venda de ingressos no Brasil nas décadas de 1960, 1970 e 1980. Somando todos os filmes que Renato lançou em quase seis décadas, há estimativas de que foram 173 milhões de ingressos vendidos, por conta das cifras reais, até hoje nunca expostas, referentes aos primeiros sucessos. Mas a cifra mais comum é de que vendeu 130 milhões de ingressos.

Maior analista de mercado de nosso cinema, Paulo Sérgio Almeida, do site Filme B, diz que o caso de Aragão é único em nossas telas: "Renato Aragão é a maior referência da comédia, a maior estrela do cinema brasileiro e de todo o audiovisual feito no Brasil. Não entendo por que não existe uma estátua em plena Cinelândia, de preferência em frente ao Cine Odeon, bem bonita e iluminada, e quem sabe com todos os Trapalhões. Eles já ficaram para sempre em nossos corações, mas precisariam ficar também numa praça pública que já foi o esplendor do cinema no Brasil. Essa estátua deveria ser paga pelos exibidores, pois eles foram os maiores beneficiados financeiramente pelo talento explosivo de Renato Aragão e sua trupe. Ou por todos nós, numa operação de *crowdfunding*, na qual poderíamos retribuir um pouquinho do tanto que ele já nos deu, como crianças, adultos, espectadores, profissionais do cinema, enfim, como cidadãos!"

No livro *O cinema dos Trapalhões – Por quem faz e por quem viu*, Rafael Spaca reconhece a força popular do fenômeno dos Trapalhões:

"A maior contribuição dos Trapalhões foi produzir um cinema voltado para a família, especialmente a criança. Nunca, no país, ninguém levou tantas crianças aos cinemas como eles. Formaram público, gerações de cinéfilos, documentaram o país, suas belezas e suas mazelas. Construíram uma identidade nacional com as paisagens e temas propostos. Nem antes nem depois deles ninguém, artista, produtora, diretor, criou um filão como eles. Só temos tradição no cinema infantil graças a eles. Xuxa, por exemplo, não fez nem cinco filmes; *Tainá*, um exemplo recente, foi até o terceiro filme. Eles, ao contrário, criaram uma 'política' cinematográfica voltada para a criança."

A contribuição do quarteto foi bem mais ampla, como explica Spaca: "No campo técnico, ajudaram a trazer tecnologia de ponta, com equipamentos superiores aos encontrados aqui, uma equipe técnica de primeira – a que tinha de melhor no mercado –, um elenco de atores de primeiríssima grandeza (Maurício do Vale, Wilson Grey, Monique Lafond etc.). Renato construiu um estúdio (assim como fez Mazzaropi décadas antes) de última geração, tornando-o uma referência, pensando o cinema como indústria. Os Trapalhões deixaram uma ideia de que o cinema pode ser sustentável, com investimento e retorno com bilheteria e merchandising."

Segundo o pesquisador, a criança sempre foi o foco principal dos Trapalhões: "Eles transformavam temas áridos (como a questão do menor abandonado em *Os vagabundos Trapalhões*, a seca em *O Mágico de Oróz*, entre muitos outros) em uma temática que a criança conseguia fruir, se conscientizar e ainda se divertir. Não houve nenhum avanço em relação a linguagem, enquadramento, roteiro etc., mas o maior legado, na minha opinião, é este: um cinema estratégico, pensando na criança como público e mercado."

Arte sequencial

Fã de super-heróis, entusiasta da Família Marvel nas páginas dos gibis, Renato teve a chance de gritar "Shazam!" em forma de personagem numa série de HQs que foram produzidas na esteira do seu enorme sucesso. A amizade com Adolpho Bloch permitiu que sua estrada como herói desenhado começasse numa editora de popularidade entre os jovens.

"A fase dos Trapalhões em quadrinhos na Editora Bloch foi revolucionária. Além de mexer com as estruturas do mercado à época, onde os gibis que eram vendidos nas bancas tinham como público final especialmente as crianças (Turma da Mônica, Disney etc.), eles chegaram ao mercado rompendo todos os cânones existentes. Agradavam, ao mesmo tempo, as crianças e os adultos", explica o pesquisador Rafael Spaca, autor do livro *As HQs dos Trapalhões*. "Foi na Bloch que eles tiveram o período mais anárquico e politicamente incorreto. Parodiavam personagens de outras HQs, como a Mulher-Maravilha. Num gibi, o Mussum é a Nega-Maravilha que solta lasers pelos seios. Parodiavam ainda personagens da televisão como o He-Man (que, nas HQs, virou o He-Gay) e por aí vai..."

Spaca enxerga nas HQs dos Trapalhões o signo de irreverência que marcou o grupo na TV. E esse clima iconoclasta prosseguiu mesmo depois de os gibis terem migrado da Bloch para a Abril, nos anos 1990.

"No período da Editora Abril, o grande legado foi que, pela primeira vez, o império da Turma da Mônica foi ameaçado. Hoje é impensável, mas naquela época eles chegaram a incomodar Mauricio de Sousa, pois disputavam pau a pau a predileção de leitores nas bancas. Eles se reinventaram como personagens em quadrinhos e conseguiram atingir um público ainda maior. Se na Bloch eles se tornaram cults, na Abril se tornaram populares no âmbito da nona arte", explica o pesquisador.

Seu livro dá realce a um gibi que marcou época nos anos 1990, a graphic novel *Didi volta para o futuro*, que virou uma coqueluche no mercado.

"Ela gerou tendências. A Abril explorou o filão das paródias, trazendo várias versões como os Bat-Trapalhões, Traparugas Ninjas, Bode Ranner, Didi Crusoé, Didicop, Didi Krueger, Didiana Jones, Change-Trapas, entre outras", avalia Spaca. "Tudo na produção é de alto nível, desde o formato magazine, com acabamento luxuoso, o mesmo das graphic novels da época, até a execução da história. O roteiro é de Marcelo Cassaro. Gustavo Machado assina o layout das páginas e o desenho dos personagens principais. Watson Portela ficou com os coadjuvantes, carros e cenários. O impressionante é que os dois estilos ficam claros dentro da revista, mas estão totalmente integrados. Napoleão Figueiredo fez as cores, e João Anselmo, a arte-final. Há até um movimento pedindo a reedição desta HQ, que virou rara, item de colecionador."

Spaca apresenta Renato e seu quarteto como o grande exemplo de sucesso multimídia do país. "Costumo dizer que os Trapalhões foram os maiores de todos os tempos, não há paralelo no mundo: fizeram sucesso em todas as plataformas de mídia/comunicação", diz o pesquisador. "Eles chegaram a ter treze das vinte maiores bilheterias do cinema, conquistaram mais de 80% de audiência na TV, venderam milhões de HQs, fizeram sucesso no teatro, com o show *Os Trapalhões ao vivo*. E isso por décadas. Não há paralelo no mundo. Os Três Patetas, Jerry Lewis, O Gordo e o Magro, ninguém construiu o que os Trapalhões construíram por tanto tempo em tantas plataformas."

Novato na coxia

Bicho de cinema, escolado na TV, Renato só havia pisado em palcos para fazer shows, fossem as apresentações mambembes dos Trapalhões Brasil afora, fosse nos auditórios por onde passou levando a mensagem do *Criança Esperança*. Porém, subir no palco para fazer teatro, essa era uma experiência que sempre relutou em fazer, pela exigência de encarar o público a partir de uma dramaturgia com mais fôlego do que os esquetes que o celebrizaram. Em 1974, ele chegou a escrever um texto cômico, que encenou em Curitiba (com o título *Trapalhões*), com Dedé Santana e Neide Aparecida, brincando com situações do dia a dia. Mas o fato é que essa experiência, que Renato define como uma "protopeça", era um exercício bem similar ao seu humor tradicional na TV.

Agora, encarar um superespetáculo e, sobretudo, um musical... isso não, essa era uma brincadeira que não chegara a conhecer nos 53 anos que havia dedicado à arte de fazer rir. Mas tudo mudou no dia 3 de outubro de 2014. Naquela data estreou uma versão teatral e musical do filme *Os saltimbancos Trapalhões*, numa criação cênica da dupla Charles Möeller e Cláudio Botelho. Sempre de casa cheia, no Rio, o projeto mobilizou 33 atores, além de uma orquestra. Essa criação estabelecia um diálogo com o longa-metragem dirigido em 1981 por J. B. Tanko e cuja bilheteria foi de 5.218.574 espectadores. Na peça, as músicas de Chico Buarque celebrizadas no longa estavam todas no mesmo lugar, destacando-se as "Piruetas", "Meu caro barão", "História de uma gata" e a antológica "Hollywood".

À época, perto de completar 80 anos, Renato comoveu-se com a empreitada: "Voltar aos *Saltimbancos* é como viver de novo. Para mim, essa peça é uma estreia. Nunca pensei em fazer teatro por conta das exigências que ele impõe, que seriam demasiadas perto das responsabilidades que já tenho. Sempre encarei como uma escravidão essa coisa de ter que estar num palco quinta, sexta, sábado e domingo, fazendo e refazendo um mesmo texto toda semana. No cinema, você decora três páginas, filma e espera o diretor mudar o ângulo do plano ou a lente da câmera. No teatro, não. No momento em que comecei os ensaios com Möeller e Botelho, tive que decorar 84 páginas de texto pra falar assim, direto, sem tomar fôlego. Mas tem sido uma renovação para mim. E eles são dois gênios."

E na época Renato estava a toda na televisão, pois tinha acabado de finalizar um telefilme para a TV Globo, *Didi e o segredo dos anjos*. "Eu estava exausto ao fim das gravações. Mas Möeller e Botelho me procuraram com essa ideia e, de cara, achei que não faria sentido eu, Renato, num palco. Mas, quando li o roteiro, fiquei encantado e resolvi embarcar. Foi uma entrega e tanto. Você se entrega muito para um filme. No meu caso, a entrega é total. E sair de um filme para a TV e encarar uma empreitada dessas não foi fácil", conta. "Mas a experiência me deu muita alegria. Eles trouxeram artistas de várias localidades do país e até de fora... São acrobatas da melhor qualidade. Os músicos, então, nem se fala. A cada apresentação, a cada ensaio, eu me sentia fazendo o filme de novo."

Há anos, Renato venera a figura de Chico Buarque como ídolo e amigo. Certa vez, ao falar sobre ele, definiu assim a grandeza do músico e escritor: "Seriam necessários séculos para que alguém conseguisse explicar a genialidade do Chico e a força poética de sua música." Dada tamanha admiração, como encarar uma obra que traz o DNA dele logo na estreia como ator teatral – uma estreia tardia, mas comovente. "A maior dificuldade era a minha preocupação em corresponder à qualidade das músicas do Chico, em fazer justiça à história dele", lembra Renato. "Quando li o roteiro original, ele não correspondia ao padrão de qualidade que a gente queria. O roteiro teve que ser refeito pelo Tanko. O projeto levou um ano para ser realizado. Mas chegamos à qualidade esperada. E deu certo: o público gostou."

Ao relembrar a história, Renato conta que foi pego de surpresa. "Não tinha a intenção de fazer teatro. Mas aí o Charles e o Botelho se encontraram com a Lilian e se mancomunaram os três: 'Olha, Lilian, tenho uma peça, um projeto muito bom, que só o Renato pode fazer!' Antes de saber detalhes, ela foi logo dizendo: 'Ó, rapazes, Renato é muito re-

Cena da montagem de *Os saltimbancos Trapalhões*, musical dirigido por Cláudio Botelho e Charles Möeller, em 2014, com base no filme homônimo de 1981.

sistente a teatro, ele nunca fez isso na vida. Mas prepara aí uma sinopse para ele, para ver se ele se encanta com isso e toma uma decisão.'"

O pedido de Lilian foi uma ordem: feita a sinopse, enviaram as primeiras cenas por e-mail para Renato. "Quando vi aquilo ali e senti como estava bem escrito, vivi uma emoção única, uma sensação de surpresa. Na sinopse, eu entrava no palco num carro. Aí entravam leões. Mas eram leões cenográficos. E havia tanta coisa a mais, tanta fantasia. Eu falei comigo mesmo: 'Meu Deus, isso aqui é um mundo, é um filme dentro de um palco. Se conseguirem fazer isso, eles são uns gênios.' Aí a Lilian veio e me disse: 'Renato, tem mais: você vai ter que cantar!' Eu falei: 'Lilian, essa de me levar para o teatro é loucura, mas vá lá. Agora, me fazer cantar... Ó, eles podem ser gênios, mas não são milagreiros! Aí não vai dar.'"

Desafiando a modéstia de Renato, Lilian tentou dissuadi-lo dizendo que era só uma estrofezinha no final, mas ele continuava a duvidar. "Se me enrolar com a cantoria, será que eles botam um dublê pra cantar no meu lugar?", questionava Renato antes dos ensaios. Sempre que vinha o frio na barriga, ele pensava: “Puxa, como é que vou fazer isso ao vivo, uma vez que tem uma orquestra do lado?”

Por maior que tenha sido o temor, falou mais alto a vontade de revisitar as canções de Chico Buarque e uma das histórias que mais (e melhor) marcaram sua história cinematográfica: Renato enfim acabou aceitando, mas a decisão não diminuiu sua tensão. “Meu nervosismo foi tão grande que eu contava os dias para chegar ao ensaio. Ficava assim: ‘Nossa! Faltam três dias! Faltam três dias! Pra que eu fui me decidir? Por que fui dar a minha palavra?’ Aí, entrei nos ensaios e ralamos muito, mas muito, até a peça estrear. E tínhamos que ralar mesmo, porque era questão de marcação mesmo. Eu ia entrar no teatro, numa peça, duas horas e meia, três vezes por semana. Tinha que ficar três horas entrando e saindo.”

Durante o processo dos ensaios, Renato contou com a paciência e a dedicação de Möeller e Botelho. “Eu tinha que saber bem por onde entrar e sair. Fora isso, eu tinha que dar voltas no palco e não podia errar. Tinha que saber bem: ‘Agora a entrada é essa. Depois, será aquela.’ Era um corre-corre. Isso aí era também um exercício físico. Nesses dias, nem precisava de esteira para ter condicionamento físico. Entrava e saía, entrava e saía e voltava... E eles queriam que eu fizesse isso quinta, sexta, sábado e domingo. Cheguei a pensar em desistir, para não ficar numa escravidão, perdendo sábados, domingos, coisa que nunca fiz. Mas eu me empolguei com o resultado do projeto, com o resultado da plateia.”

É difícil para Renato não ficar todo garboso ao lembrar da estreia, com mais de 1.200 pessoas. “Eu já fiz show com os Trapalhões para 200 mil pessoas, mas aquilo ali com o Möeller e o Botelho era uma coisa nova, distante de tudo do meu passado. Era algo encenado, uma experiência de contar uma história com meu corpo em cena, ao vivo, cantando, dançando, contando piada...”

Para Renato, a maior lição de fazer teatro foi a experiência de enfrentar a plateia olho no olho durante a contação de uma história. “Você fica na boca do palco, vendo todas as pessoas, com o cuidado de não se desconcentrar. Foi uma experiência incrível para mim. Incrível sobretudo pela comprovação de que eu já fiz tudo que um ator pode fazer: cinema, teatro, show e televisão”, diz, orgulhoso.

Depoimentos

Ninguém pode lutar contra o tempo. Nem o dinheiro, nem os remédios modernos poderão conter a degeneração das células do nosso corpo. Mas nossos gestos nobres e nossos bons exemplos, nem o ferro, nem o fogo, nem o tempo voraz poderão apagá-los.

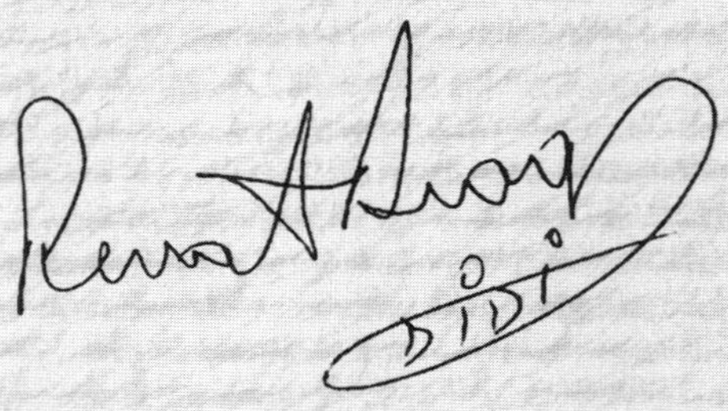

Perto do Didi todo mundo vira criança. Agora... perto do Renato Aragão, todo mundo vira fã. O Brasil é prova disso. Tem um pouquinho do trapalhão no coração de todos nós. E mesmo entre aqueles que fazem a roda do país girar, sobretudo nas artes, há um sentimento de respeito, de admiração e até de reverência pelas contribuições singulares que este pequeno grande homem de Sobral deu à comédia brasileira, seja no cinema ou na TV. Tem gente de quem Renato é fã mas que também é muito fã dele. Tem amigos próximos que não enxergam nele só o parceiro de trabalho, mas também um artista inventivo, capaz de extrair do improviso a centelha certa para incendiar uma fogueira de risos. E tem quem já o dirigiu nos sets e sabe o quanto ele pode aportar de invenção a uma cena.

Com a palavra, os ilustres fãs de Renato Aragão:

"Se eu tivesse que usar uma palavra para definir o que Renato Aragão representa para mim, eu diria: lar. Renato é o meu lar.

Trabalho com ele faz uns cinquenta e tantos anos, mas eu ainda me surpreendo com a sua espontaneidade, a ponto de, algumas vezes, não conseguir segurar o riso quando estamos juntos em cena. Mesmo quando estamos fora do set, só pela maneira de olhar dele eu já consigo perceber que vem coisa... e não seguro a gargalhada. Ele é uma surpresa constante. Mas sempre olhou para mim com carinho.

A coisa que mais me surpreende é a coragem dele. Uma vez, quando fizemos *Na onda do iê-iê-iê*, o diretor pediu que a gente improvisasse uns golpes numa cena de luta. A gente conversou e chegou à proposta de que ele deveria tentar um salto mortal. Como venho de uma família de artistas de circo, com experiência de picadeiro, sabia que um salto como esse demanda treino, muita experiência... Mas Renato topou mesmo sem ter essa experiência, esse treinamento circense. Foi lá e, de cara, fez... e fez bem. Na hora em que o cineasta foi rodar a cena, ele mandou um salto para trás com desenvoltura. Afinal, Renato sempre foi um atleta, sempre se cuidou. É um cara centrado, bem diferente de mim. E, até por isso, sempre fez muito por mim.

A gente brigou muito, mas como marido e mulher. Uma vez, dividimos um quarto de hotel e cismei que tinha que ter uma televisão no quarto. Renato não fazia questão. Cismei, perturbei a recepção, teimei que queria ver TV e acabaram levando um aparelho para o nosso quarto. Não deu outra: mal liguei o televisor, eu capotei de sono. Aí, ele ficou me acordando: 'Ué, você não queria ver televisão? Agora você VAI ver. Eu posso não dormir, mas você vai ver esse troço.' Coisas assim, briga de amigos. De irmãos.

Uma vez, reclamei dele, na época do programa, porque Renato era sempre muito correto com as coisas, o que acabava exigindo mais disciplina da gente. Aí o Zacarias virou pra mim e disse: 'Dedé, você não faz ideia de quanto o Renato gosta de você.' Zacarias estava certo.

Tive a chance de dirigi-lo, em alguns filmes, e fiquei encantado com o poder de comunicação que ele tem com a câmera. É uma química direta. É um grande artista que nunca me deixou sozinho."

– *Dedé Santana, ator, diretor e parceiro em* Os Trapalhões

"Renato Aragão nos traz sempre a nossa infância, a nossa cultura popular. O Grande Circo que é a nossa utopia."

- Fernanda Montenegro, atriz

"Renato Aragão é uma grande figura da cultura brasileira. O programa *Os Trapalhões* foi um marco na história da televisão e na vida da gente. Compus e gravei uma canção que homenageia Renato e seus companheiros do programa. Tenho orgulho dessa música. Chama-se 'Jeito de corpo' e ontem eu a reouvi ao lado de meu filho Zeca e percebemos que ela é especialmente bonita. A referência a Renato e aos Trapalhões dá força poética à letra. Programa popular e nada careta, aquilo é coisa que diz muito sobre o melhor do Brasil."

– Caetano Veloso, cantor e compositor

"A linha de humor que Renato Aragão representa é sempre associada à ideia da 'simplicidade', mas há muito requinte nela. Não é qualquer artista que consegue, como ele, uma comunicação ao mesmo tempo tão profunda e direta com seu público, nem fala para plateias tão amplas. Renato é um símbolo para crianças e adultos. Participou da formação de gerações, sua trajetória se mistura à da própria história da televisão brasileira."

– Patrícia Kogut, jornalista e crítica de TV

"Renato Aragão é a marca mais definida do que sempre pôde ter o cinema popular no Brasil. Ele é o melhor e mais bem-sucedido exemplo de uma formação baseada nos espetáculos de comédia mais populares na tradição do país: o circo e o rádio. Baseado nessa tradição, ele criou personagens e situações que só eram possíveis na televisão. Daí para o sucesso cinematográfico foi um passo curto. Renato Aragão é o nosso palhaço moderno, o cômico que melhor entendeu a adaptação de seu ofício para o cinema."

– Cacá Diegues, diretor

"Os Trapalhões e eu:

Quando os conheci, ainda não havia 'Os Trapalhões'. Era Renato (Didi) e algum parceiro eventual. Com Renato Aragão escrevi e dirigi o curta-metragem *A pedra do tesouro*, encomenda da Aliança para o Progresso, um filme bobinho, em que eu deixava para os americanos todas as informações possíveis a meu respeito. Não me importei. Não tinha rabo preso, nada a perder, e era uma graninha que vinha em boa hora. Anos mais tarde, Renato e eu fizemos o longa-metragem *Os Trapalhões no Auto da Compadecida*, baseado na peça do mesmo nome de Ariano Suassuna, de quem me tornei amigo. Convenci Ariano a me ceder os direitos, exatamente porque seu discurso sempre foi de uma obra popular, e no cinema brasileiro nada é mais popular que Renato Aragão."

– Roberto Farias, diretor e produtor

"Um dia fui convidado para dirigir um filme de Renato Aragão e os Trapalhões. Aceitei. Foi melhor do que esperava. Tive o prazer de conhecer, em plena criação, um astro de primeira grandeza.

Um homem simples e bem cônscio da sua responsabilidade. Produtor e principal astro do filme, poderia ser um entrave. A bem da verdade, ele sabia muito mais do que eu o que funcionava num espetáculo dele.

O meu trabalho era que o filme ficasse bem realizado. O importante era não atrapalhar os Trapalhões.

Dedé, um apaixonado por cinema. Mauro, uma paz carinhosa, como seu personagem Zacarias. E Mussum, Antonio Carlos, a alegria contagiante, sem pausa.

Renato, companheiro e paciente. O 'produtor' não estava nunca presente no set. Estava, sim, o palhaço Didi Mocó. A única exigência minha era ter duas câmeras constantes. Na época não se fazia esta extravagância. Mas em todas as cenas uma câmera estava sempre com o Renato. Foi utilizada sem parar, pois Renato reage sempre. Pequenas intervenções, muxoxos, curiosamente discreto, como deve ser no cinema. Um craque.

O filme *O cangaceiro trapalhão* está orgulhosamente no meu currículo; não são todos que podem dizer que 'dirigiram' o maior e mais famoso comediante do seu país.

Já é bem conhecida a história do grande ator inglês que, já doente, perto da 'sua última cortina', disse: 'Morrer é fácil. Comédia é difícil!'

Toda a indústria no mundo do teatro e do cinema, desde os primórdios, tem a sua base e principal atração no cômico, o bufão, o polichinelo, o saltimbanco, o arlequim, o palhaço.

Qualquer pessoa deste Brasil não consegue pensar na sua infância, ou na de seus filhos, sem a presença dele. Didi Mocó-Renato Aragão é uma referência.

Renato e seus companheiros mantiveram o cinema brasileiro vivo durante um largo período. Eram eles, somente eles, que existiam como a chama acesa do cinema. Como a pira olímpica.

Recebeu como artista e cidadão diferentes prêmios e honrarias. Tornou-se, em 1991, embaixador do Unicef.

Chaplin, Max Linder, o Gordo e o Magro, Buster Keaton, Cantinflas, Totò, Fernandel, Jerry Lewis. No Brasil, entre muitos, Genésio Arruda, Oscarito, Grande Otelo, Mazzaropi, Dercy Gonçalves, Zé Trindade, Ankito. Esses bufões criaram na criança o gosto pelo cinema. São eles que garantem um número de espectadores para que a indústria mantenha uma boa fatia do mercado em cada país.

Renato Aragão está nesta categoria e não tenho dúvidas em afirmar que ele é, do Brasil, o seu maior representante até esta data. Um recordista."

– Daniel Filho, diretor, produtor e ator

"Renato Aragão, sim, com Zacarias, Mussum, Dedé.

Didi Mocó, comovente, iluminado, circense, dono da alegria e da delicadeza, como convém aos palhaços, nossos mágicos das arenas da vida, cheios de bondade e pureza para informar que a alegria é a melhor coisa que há. Sem economizar, aos borbotões, lembrando às crianças e aos adultos essa ventura. Reverências todas ao Renato Didi Mocó Aragão quando faz uma brincadeira com a música de Chico Buarque de Holanda 'Teresinha', interpretada por mim. Guardo no meu baú de tesouro de delicadezas que o mundo me oferece. Obrigada, Renato. E bravo! Aplausos de pé de sua fã."

– Maria Bethânia, cantora

"Renato Aragão teve enorme influência no humor que faço nos meus filmes. Na infância e na pré-adolescência, qualquer programação aos domingos era para antes ou depois de *Os Trapalhões*. Aquele horário era sagrado e blindado. Os filmes dos Trapalhões eram o clímax da expectativa da chegada das férias escolares. Naquela época ainda não existia a consciência da cearensidade como patrimônio cultural do Ceará, mas Renato já exportava nossos bordões locais e nosso senso de humor. O timing da comédia do Renato era muito preciso, seja no humor sutil, corporal ou escrachado. Muito se fala sobre o humor politicamente incorreto da época como um dos pontos fortes da comédia do grupo, o que teoricamente limitaria o leque de piadas e esquetes dos Trapalhões. Mas o certo é que Renato tinha recursos de comicidade para ser o gênio que é, ontem, hoje e amanhã."

– Halder Gomes, diretor

"Renato Aragão foi um novo Mazzaropi. Os Trapalhões tinham aquela mistura de ingenuidade, malandragem, e ele era o matuto esperto, aquele cara meio bronco, meio ladino que expressa de maneira profunda uma afetividade brasileira. É um humor que mistura circo, pastelão, nonsense, como o próprio nome do Didi Mocó Sonrisépio Colesterol Novalgino Mufumbo. Também era um humor ainda muito rural, a cara do Brasil lá do interior, que misturava umas presepadas, aquelas caretas dele, gestos, fala com toda uma cultura urbana, mundana, pop. O Renato Aragão definiu o personagem dele de uma forma que eu gosto e que expressa certo espírito libertário brasileiro: 'Didi nem sabe o que é lei. Ele quer ser feliz.' Acho que esse impulso e esse deboche 'inocente, puro e besta' marcam o Didi que, junto com os personagens de Zacarias e Mussum, com esses dois principalmente, produzia uma sinergia incrível."

– Ivana Bentes, professora da UFRJ
e teórica de comunicação

"Renato Aragão é o cineasta brasileiro de maior sucesso, não o sucesso de um só hit – mas um sucesso consistente e repetido filme a filme, baseado na criatividade de um grande artista. Didi é um personagem genial – e os Trapalhões são a nossa versão dos irmãos Marx."

– José Padilha, diretor

"A linda alma de brasileiro que o Renato tem é única, cheia de magia. Renato representa nosso povo, nossas angústias e alegrias. Renato Aragão é um Brasil completo. Renato Aragão é o nosso Chaplin."

– Jayme Monjardim, diretor

"Renato Aragão é Capricórnio. Signo cerebral. Cauteloso nos seus passos. Porém Renato tem dentro de si o Didi Mocó. Personagem que se lança em aventuras. Olhar curioso de menino diante do mundo. Pensamento lúdico. Personagem que, por amar os amigos, gosta de brincar com eles o tempo todo. Mesmo os inimigos de Didi recebem troças. Eu tive o prazer de conhecer os dois durante os seis filmes que fizemos juntos (um como diretor-assistente do J. B. Tanko) e testemunho aqui que tanto o Renato melhorava o Didi como o Didi melhorava o Renato. O Renato organizava a existência do Didi. Por sua vez, o Didi encantava a existência do Renato. Foi um privilégio poder ter feito parte de tantas brincadeiras, que me ajudaram a permanecer com a criança que trago em mim. Este é o maior legado do Renato e dos incríveis Trapalhões. Eles nos ensinam que vale a pena a gente cuidar das crianças que carregamos em nós."

– José Alvarenga Jr., diretor

"Renato é uma inspiração para todo aquele que se preocupa com o futuro do país e de nossas crianças. Sua vida, dedicada a espalhar alegria e esperança, é um exemplo a ser seguido. O palhaço é um espelho da alma brasileira. E Didi Mocó encarou esse desafio com galhardia, encantando gerações e espalhando harmonia. Renato tem um lugar sagrado no panteão das artes."

– Mônica Albuquerque, diretora de Desenvolvimento Artístico da TV Globo

"Já tinha alguns filmes no currículo quando me candidatei ao Renato Aragão para dirigir *O noviço rebelde*, através de um recado que passei ao seu produtor executivo, o Cacá Diniz, produtor de muitos filmes meus. A sensação que tinha era de uma vestibulanda, com muito desejo de me colar no grande artista popular que ele era e é.

O noviço rebelde foi um projeto arriscado para mim, pois, sem prática de comédias, me vi envolvida numa produção dos Trapalhões, que há seis anos não filmavam – desde que Mussum e Zacarias haviam partido.

Para surpresa minha, fui contratada, sabendo que, se o filme fizesse sucesso, seria mérito do Didi, mas, se fracassasse, a culpa seria minha. Foi um sucesso!

Me lembro que, no primeiro dia de filmagem, nas dunas ensolaradas do Ceará, o trailer chegou e nada de o Renato sair. Estava aflita, e mesmo avisada que ele era assim, meio tímido, calado, que eu me tranquilizasse. Era só colocar a câmera que o resto ele faria.

Quando o set ficou pronto para filmar, com os outros atores já marcados, ele apareceu. Dei uma simples instrução de marcação de cena e, quando pedi as câmeras e o som, gritei ação!, e num passe de mágica sumiu o Renato e surgiu o Didi!

Renato, o homem comum e discreto, se transformou no bicho incrível e engraçado que conhecemos nas telas do cinema e da TV. Renato não interpreta, não precisa fazer preparação de elenco, não precisa de nada. E do nada, ou da alma, ele apenas libera o seu Didi que nos encanta e jamais deixa de nos fazer rir."

– Tizuka Yamasaki, diretora

"Renato Aragão garantiu o riso de várias gerações, inclusive a de meus filhos, que cresceram se divertindo com as peripécias desse irresistível palhaço. Com um humor inocente, ingênuo e sadio, ele introduziu no cenário da comédia brasileira, consagrando-o, o tipo desajeitado, gauche, em suma, trapalhão, que fez e faz tanto bem nas horas sem graça pelas quais passamos e estamos passando. Ele sempre foi um santo remédio para desopilar o fígado."

– Zuenir Ventura, jornalista e escritor

"Renato Aragão é o mais autêntico comediante brasileiro. Sua origem circense o distingue de todos os outros no seu humor físico, ingênuo e nonsense. Muitos comediantes foram importantes na vida dos brasileiros: Oscarito, Ankito, Mazzaropi, só para citar alguns, mas nenhum teve uma carreira tão longa e foi ídolo de tantos brasileiros como o nosso Didi, porque nenhum deles teve a seu serviço a televisão. Os programas dos Trapalhões entraram semanalmente nos lares brasileiros, fazendo com que os quatro pertencessem à nossa família. Tão genial quanto Stan Laurel, o magro de O Gordo e o Magro, Renato sempre foi a mola propulsora do quarteto. Seu talento e sua criatividade continuaram a cativar o público, porque ele, como homem e como artista, continua fiel às suas raízes, às suas ideias, ao seu mundo e, principalmente, ao seu imenso público."

– Silvio de Abreu, diretor, roteirista e autor de novelas e séries de TV

"Domingo à noite, quando tocava na televisão a música que anunciava o início do programa dos Trapalhões, eu me sentava na minha cadeira cativa e me divertia como criança.

Em 1980 lancei *Os anos JK*. Paulinho Aragão, filho de Renato – o Didi para as crianças –, foi meu aluno na PUC e me perguntou se eu faria um documentário com os Trapalhões. Topei, encantado, e foi assim que, em 1981, nasceu *O mundo mágico dos Trapalhões*, maior sucesso de bilheteria do documentário brasileiro de todos os tempos, com um milhão e setecentos mil espectadores. Junto com os aplausos, soaram as sirenes das patrulhas: 'Silvio Tendler, quem diria?...' Dito e feito, fiz e tenho o maior orgulho de haver trabalhado com Didi, Dedé, Mussum e Zacarias. Nunca me diverti tanto e ainda deixei registrado para a história momentos da vida de um quarteto inesquecível.

Renato Aragão é um gênio do humor, nada deixando a dever a um Cantinflas ou um Jerry Lewis."

– Silvio Tendler, documentarista

"Falar do Renato é a coisa mais simples deste mundo. Ele sempre está em primeira pessoa, e que pessoa... Nele há uma dignidade e todas as melhores qualidades que um ser humano pode ter. Acho até que, em certos momentos, ele seria candidato a monge do Monastério Tibetano.

Posso definir o Renato como uma pessoa talentosa, empreendedora, honesta e amorosa. Alguém que Deus colocou dentro do meu coração e no coração de milhares de pessoas. Ele, com sua determinação, é um marco na minha vida e certamente na de muitas outras pessoas.

Renato é o meu Príncipe Encantado! Um dia ele chegou perto daquela garota de pés no chão, vestido rasgado, uma gata borralheira, e ela foi surpreendida ao ver seu príncipe chegando em sua carruagem. Nosso encontro, nosso amor é como um conto de fadas, assim mesmo!

O Renato me tomou em seus braços, levou-me em sua carruagem e desde aquele momento estamos vivendo o final de todos os contos de fadas: somos e seremos felizes para sempre!"

– Lilian Aragão

Renato pede a palavra:

"A cada frase desses depoimentos meu coração sacolejava entre um sorriso encabulado, um palpitar no peito, um marejar nos olhos. Que cada sorriso, cada choro, cada nervosismo seja entendido como um obrigado a todos... por um carinho que mal me cabe no peito, mas me enche de vida. Abraços a todos... e a você, que leu sobre a minha vida aqui. Ainda falta um pouquinho. Não desiste, não."

O amanhã

Muita gente define a solidão como uma pequena casinha no alto de uma montanha, um barquinho no meio do mar, um viajante no meio do deserto. Pura ilusão. Muitos estão sozinhos no meio da multidão das grandes metrópoles.

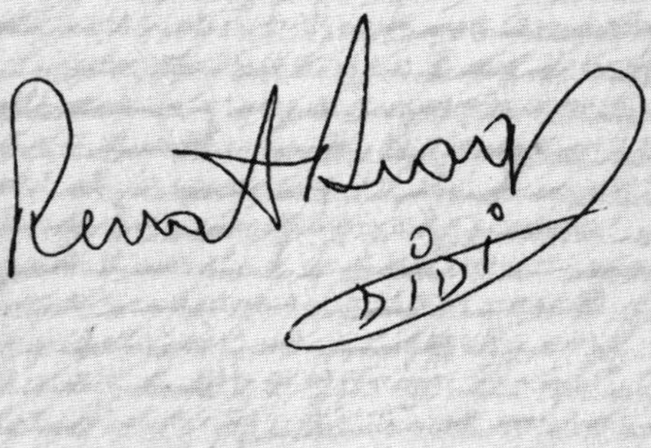

Para não dizer que não falei de flores

Se é verdade que o homem é um animal político, Renato assume seu lado bicho pela bandeira da esperança. O tema é para ele um papo sobre engajamento a seu partido de maior confiança: o partido da expectativa de que dias melhores virão.

"Eu passei, junto com o Brasil, por todas as dificuldades políticas que este país enfrentou. Não se esqueça de que eu comecei minha carreira no humor em meio à ditadura militar. E era algo novo, e pesado, para alguém que foi criança em um Brasil mais tranquilo, do interior do Ceará, onde a gente tinha dificuldades, é claro, mas não ouvia falar em crise", diz Renato. "Hoje, estamos no meio de uma fase braba para todos. Mas as pessoas ainda têm esperança. E é para mantê-la viva que eu faço arte. Porque na arte as pessoas acordam... mas ainda sonham acordadas."

O que será do amanhã

No que você chegou a esta página, Renato terminou um argumento novo, de filme ou de especial de TV. Qual é a relação? A ânsia dele em criar. Qualquer tempo livre, ele dedica à criação. Se estiver em casa agora, sem filmar ou gravar, vai estar escrevendo. Embora viva da imagem, carregada das gags que inventa, Renato é um escritor, que desde os 25 anos usa a caneta, a máquina de escrever ou o computador para criar situações a serem desbravadas pelo anjo Didi. Em 2004, ele chegou a arriscar um romance, *Amizade sem fim*, prefaciado por Carlos Heitor Cony num sinal de boas-vindas à entrada de Renato na literatura. E ainda tem outros escritos similares nas gavetas, como uma antologia de contos. Para não falar de uma penca de projetos, que englobam desde animação até um *Luzes da cidade* à moda Sonrisépio Colesterol Novalgino Mufumbo. O homem não para.

"Um dia, quando eu era menino, pedi à minha mãe pra me fazer um macacão; ela o costurou em dois dias, na maior disposição. Herdei isso dela e do meu pai. Há muito o que fazer", promete Renato, o eterno Didi, para sempre o tenente 49, embaixador do Unicef, advogado, anjinho do Brasil, redator, produtor... e, acima de tudo, brasileiro.

E ele vai continuar a mil... hoje como ontem... e amanhã como hoje. Que bom, para ele e para a gente.

P.S.: Lembra do show em Luanda, lá no início do livro? No trailer? Anos depois, Renato volta à África e é convidado para uma recepção em função de seus compromissos com o Unicef. Há um banquete à sua espera, com as mais finas comidas. Porém, do lado de fora, isolada do evento, ele nota uma multidão que ora presta atenção nele, ora saliva pelos alimentos à mostra, deixando evidente a fome que imperava entre os pobres de lá. Um emissário do evento se oferece para servir o convidado brasileiro. Renato recusa, com doçura, e diz para uma das autoridades: "Peço desculpas, porque já me alimentei há pouco, mas gostaria de fazer uma coisa: o senhor permite que me sirva de um pratinho?" A resposta vem na forma de um sorriso. O trapalhão (que ali não faria trapalhada alguma, e sim um gesto de altruísmo) encheu um prato do que conseguiu, deixou a comitiva por alguns segundos, dirigiu-se à massa de famintos e estendeu-lhes o alimento, numa oferta generosa de carinho. O povo se fartou entre mastigadas e sorrisos de gratidão.

Esse Renato Aragão... ninguém segura esse trapalhão!

Agradecimentos

Durante toda a caminhada de produção dos originais, contei com o auxílio de pesquisa do amigo, irmão e parceiro de pena Hélio Eduardo Lopes, que foi o responsável pelo caldo grosso de pesquisas com o qual esta sopa de afetos foi cozida. Mais do que merecedor de gratidão, ele é parte da argamassa - a melhor parte - com que estas memórias foram capturadas e transmitidas.

Este livro é um trabalho de equipe – em termos de carinho e empenho – e demanda agradecimentos especiais a todos aqueles que me ajudaram a tirá-lo do papel.

Muito obrigado

a Lilian Taranto Aragão, por ter passado de parceira (de pesquisa) a amiga, e de amiga a mãe de consideração - além de cuidar muito bem de Seu Renato;

a Monique Lima, pelo sorriso mais bonito do Texas (e da rua Mário Carpenter);

a Grasiele, pela gentileza de todo dia; a Penha, pelo café que me manteve acordado ao longo de horas de entrevistas; a Cátia, por cuidar de um acervo de cinco décadas e mais um tanto com arte e alegria; e a Paulão (Seu Paulo Aragão), pela generosidade.

Agradeço também

à equipe do programa *Os Trapalhões*, em sua versão anos 2010, com abraços a Ricardo Waddington, Mauro Wilson, Fred Mayrink, Adriana Chevalier, Nani, Gilmar, Richard Kyaw, Paulo M. de Andrade e, em especial, a Péricles Barros (pela generosidade de ensinar);

a Mônica Albuquerque, por acreditar neste que vos escreve e tornar o plim-plim mais vívido;

a Guel Arraes, pelo estímulo e a confiança;

a João Daniel Tikhomiroff, que levou Renato de volta ao cinema, com um filme sobre a arte de sonhar; e a Claudia Belém, que ajudou a dar voz e vez a essa empreitada;

aos anjos que tornam a vida na TV mais bonita: Edna Palatnik, Leo Gama, Márcia Lins, Zeca Bittencourt, Thiago Maciel, Fernando Conde, Fátima Bernardes, Maurício Arruda, Laura Fazoli, Maurício Lima e Renato Lima;

a Janayna Lázaro, pela fé e pela família e, oxalá, por anos e anos mais de afeto, com um afago no vô Jorge Machado Dias.

Meus agradecimentos

aos jornalistas que me ensinaram, cada um à sua doce maneira, a nobreza da profissão: Isabel De Luca, Marcelo Camacho, Arnaldo Bloch, Luiz Carlos Merten e Alexandre Mattoso;

aos editores do Omelete, que aturam minha tensão pop: Natália Bridi, Thiago Romariz e Érico Borgo; e a Bernardo Araújo, o Beto, pelas respostas na ponta da língua.

Também

aos mestres José Carvalho, Tárik de Souza, Márcio Maia, William Dias Braga e Juvenal Hahne, pelas noções de dramaturgia;

a Lucas Paraizo, André Vianco, Celso Taddei, Raphael Montes e Victor Pratavieira pelas dicas de narrativa;

aos amigos Diogo Mendes, Aline Menezes, Hsu Chien, Ana Carolina Garcia, Gustavo Gelmini, Tamires DiRosa, Alex Serafim, Alessandra Almeida, Yago Palma, Marcelo Müller, o bonde do Vivendas da Penha (Sueli, Fabinho, Rodrigo Xará, Osman, Arildo, Dona Marlene, Henrique, Washington, Warlei e Tony), Rachel Almeida, Hannah 23, os casais Julio Ludemir e Marion, e Hélio e Cris Madanelo, Pierre Gaudioso, Ronaldo Capitão de Pedra, Mônica Maia, Débora Costa, Sergio Leandro, Marcus Faustini, Daniel Chagas e Mário Abbade, por não terem desistido de mim nos momentos de maior tensão;

e (ufa!) a Dona Filinha, que me levou pra ver *Os Trapalhões no reino da fantasia*, em 1985. Meu irmão Renato, também na sessão, pediu que ela segurasse na poltrona a criança de 5 anos que eu era. Obrigado, Dindinha, por não ter dado ouvidos a ele.

Referências

Livros

BARRETO, Juliano. *Mussum forévis: Samba, mé e trapalhões*. São Paulo: Leya, 2014.

BRAUNE RIXA, Bia. *Almanaque da TV: Histórias e curiosidades desta máquina de fazer doido*. Rio de Janeiro: Ediouro, 2007.

CASTRO, Ruy. *Carmen: Uma biografia*. São Paulo: Companhia das Letras, 2005.

_______. *Chega de saudade: A história e as histórias da Bossa Nova*. 2ª. ed. São Paulo: Companhia das Letras, 2016.

DIEGUES, Cacá. *Vida de cinema: Antes, durante e depois do Cinema Novo*. Rio de Janeiro: Objetiva, 2014.

FILHO, Daniel. *O circo eletrônico: Fazendo TV no Brasil*. Rio de Janeiro: Zahar, 2003.

KOGUT, Patrícia. *101 Atrações de TV que sintonizaram o Brasil*. Rio de Janeiro: Estação Brasil, 2017.

LUNARDELLI, Fatimarlei. *Ô Psit! O cinema popular dos Trapalhões*. Rio de Janeiro: Artes e Ofícios, 1996.

MAIOR, Marcel Souto. *Almanaque da TV Globo*. São Paulo: Globo, 2006.

OLIVEIRA SOBRINHO, José Bonifácio de. *O livro do Boni*. Rio de Janeiro: Leya/Casa da Palavra, 2011.

Projeto Memória das Organizações Globo. *Dicionário da TV Globo*. Vol. 1: *Programas de dramaturgia e entretenimento*. Rio de Janeiro: Zahar, 2003.

SANTANA, Dedé. *Dedé Santana, um trapalhão de Deus*. Curitiba: A. D. Santos, 2010.

SILVA, Paulo Henrique (org.). *100 Melhores filmes brasileiros* – Abraccine. Belo Horizonte: Grupo Editorial Letramento, 2016.

SPACA, Rafael. *O cinema dos Trapalhões – Por quem fez e por quem viu*. São Paulo: Laços, 2016.

_______. *As HQs dos Trapalhões*. São José dos Pinhais: Estronho, 2017.

TÁVOLA, Artur da. *A telenovela brasileira: História, análise de conteúdo*. São Paulo: Globo, 1996, p. 119.

Produção literária de Renato Aragão

Amizade sem fim. Rio de Janeiro: Mondrian, 2004.

Meus caminhos – e o que o tempo me ensinou. Rio de Janeiro: Goal, 2001.

Sites

boxofficemojo.com

enciclopedia.itaucultural.org.br

imdb.com

memoriaglobo.globo.com

Linha do tempo

13/01/1935	Nasce em Sobral, filho de Paulo Aragão e Dinorá Lins Aragão
1937	Quase morre em decorrência de um problema intestinal, mas recupera-se com a intervenção da tia Edite, irmã de sua mãe. Nesse mesmo ano, é feita uma promessa em nome de sua saúde e proteção: terá que ficar até os 7 anos sem cortar o cabelo. Perde as madeixas um pouco antes
1942	Matricula-se no Ginásio Sobralense
1945	Muda-se para Fortaleza com os pais e dois de seus irmãos
	Matricula-se no Colégio Lourenço Filho, onde faz grandes amigos, que o seguiram pela vida inteira, como o professor e arquiteto José Newdson Bandeira Braga
1953	Ingressa nas Forças Armadas, no CPOR
1955	Conclui o CPOR como aspirante a oficial do Exército e vira representante comercial de um laboratório farmacêutico (fica cerca de um ano)
1956	Ingressa na Faculdade de Direito
5/09/1958	Sofre um grave acidente de avião
17/10/1958	Aprovado em concurso no Banco do Nordeste
12/01/1959	Casamento com Marta Rangel
13/01/1960	Nascimento do primeiro filho, Paulo Aragão Neto
30/11/1960	Estreia no programa *Vídeo alegre*, na TV Ceará
1961	Forma-se bacharel em Direito pela Universidade Federal do Ceará
30/04/1962	Nascimento do segundo filho, Ricardo Rangel Aragão
1964	Mudança para o Rio de Janeiro; programa *A, E, I, O... Urca*, na TV Tupi
1965	Estreia no cinema com *A pedra do tesouro*, curta-metragem de Roberto Farias
1966	*Na onda do iê-iê-iê*
	Programa *Os adoráveis Trapalhões*, na TV Excelsior, com Wanderley Cardoso, Ivon Curi e Ted Boy Marino
1967	*Adorável trapalhão*

19/03/1967 Nascimento do terceiro filho, Renato Aragão Jr.
1968 *Dois na lona*
1969 *A ilha dos paqueras*
1971 *Bonga, o vagabundo*
Programa *Os insociáveis*, na TV Record
1972 *Ali Babá e os quarenta ladrões*
1973 *Aladim e a lâmpada maravilhosa*
1974 Programa *Os Trapalhões*, na TV Tupi
Robin Hood, o trapalhão da floresta
1975 *O trapalhão na ilha do tesouro*
1976 *Simbad, o marujo Trapalhão*
O trapalhão no planalto dos macacos
15/07/1977 Nascimento da filha, Juliana Rangel Aragão
5/10/1977 Fundação da empresa Renato Aragão Produções Artísticas Ltda.
1977 Estreia na TV Globo com o especial *Os Trapalhões*
Programa dominical *Os Trapalhões*, na TV Globo, até 1995
O trapalhão nas minas do rei Salomão
1978 *Os Trapalhões na guerra dos planetas*
1979 *O Cinderelo trapalhão*
O rei e os Trapalhões
1980 *Os três mosquiteiros Trapalhões*
O incrível monstro trapalhão
1981 *O mundo mágico dos Trapalhões*
Os saltimbancos Trapalhões
1982 *Os vagabundos Trapalhões*
Recebe o título de Personalidade Ilustre do Estado do Rio de Janeiro
Os Trapalhões na serra Pelada
1983 *O cangaceiro trapalhão*
O trapalhão na arca de Noé
1984 *Os Trapalhões e o Mágico de Oróz*
A filha dos Trapalhões
1985 *Os Trapalhões no reino da fantasia*

Promove junto à TV Globo a campanha assistencialista SOS Nordeste, para ajudar as vítimas das fortes secas daquele ano. A campanha foi realizada em forma de um programa de cerca de quatro horas na grade da Globo e serviu de gênese para o especial *Criança Esperança*

1986 *Os Trapalhões no rabo do cometa*

Os Trapalhões e o Rei do Futebol

Estreia do especial *Criança Esperança*, na Globo, ponto alto de uma campanha idealizada por Renato

1987 *Os Trapalhões no Auto da Compadecida*

Os fantasmas Trapalhões

1988 *Os heróis Trapalhões*

O casamento dos Trapalhões

1989 *A princesa Xuxa e os Trapalhões*

Os Trapalhões na terra dos monstros

Recebe o título de Cidadão Honorário da Cidade do Rio de Janeiro

18/03/1990 Morte de Zacarias

1990 *Uma escola atrapalhada*

O mistério de Robin Hood

1991 Comemorações dos 25 anos de *Os Trapalhões*

É nomeado Embaixador do Unicef e representante especial para a criança brasileira

Os Trapalhões e a árvore da juventude

29/07/1994 Morte de Mussum

16/09/1994 Divorcia-se de Marta Rangel, de quem estava separado desde 1991

1994 Condecorado chanceler da Ordem do Rio Branco e admitido na Ordem Nacional do Mérito Educativo, no grau de oficial, por indicação do Ministério da Educação e do Desporto

2/08/1995 Casamento civil com Lilian Taranto Aragão

27/08/1995 Fim do programa *Os Trapalhões* na TV Globo

1995 *Os Trapalhões* em Portugal (até 1998)

1996 Especial *Visita de Natal*, TV Globo

1997 Especial *Conto de Natal*, TV Globo

	O noviço rebelde
1998	*Simão, o fantasma trapalhão*
	Especial *Didi Malazarte*, TV Globo
	Especial *O milionário e o vagabundo*, TV Globo
	Especial *Didi e o avarento*, TV Globo
	A Turma do Didi (até 2010)
23/02/1999	Nascimento da filha, Lívian Taranto Aragão
1999	Especial *Oliver Twist e Didi*, TV Globo
	Caminhada até Aparecida do Norte
	O trapalhão e a Luz Azul
2000	*Um anjo trapalhão*
2003	*Didi, o cupido trapalhão*
2004	*Didi quer ser criança*
2006	*Didi, o caçador de tesouros*
	O cavaleiro Didi e a princesa Lili
2007	Especial *O segredo da princesa Lili*, TV Globo
2008	*O guerreiro Didi e a ninja Lili*
	Minissérie *Poeira em alto-mar*, TV Globo
2009	Especial *Uma noite no castelo*, TV Globo
	Minissérie *Deu a louca no tempo*, TV Globo
	Minissérie *Acampamento de férias*, TV Globo
2010	Especial A *princesa e o vagabundo*, TV Globo
	Especial *50 anos – Didi Mocó, nosso querido trapalhão*
	As aventuras do Didi, TV Globo
2011	Minissérie *Acampamento de férias II: A árvore da vida*, TV Globo
2012	Minissérie *Acampamento de férias III: O mistério da ilha do Corsário*, TV Globo
2013	*Didi, o peregrino*
2014	*Didi e o segredo dos anjos*
17/07/2017	Novo programa *Os Trapalhões* no Canal Viva (com Lucas Veloso, o Didico; Bruno Gissoni, o Dedeco; Mumuzinho, o Mussa; e Gui Santana, o Zaca) e, em 17/09, na programação aberta da TV Globo
2017	*Os saltimbancos Trapalhões: Rumo a Hollywood*

Créditos das imagens

Todos os esforços foram feitos para creditar devidamente todos os detentores dos direitos das imagens que ilustram este livro. Eventuais omissões de crédito e copyright não são intencionais e serão devidamente solucionadas nas próximas edições, bastando que seus proprietários entrem em contato com os editores.

Acervo pessoal: pp. 23, 27, 30, 33, 38, 42, 43, 46, 51, 53, 54, 55, 57, 59, 60, 68, 69, 82, 95, 100, 122, 133, 146, 177, 190, 201, 206, 209, 231, 235, 241, 246, 252, 258
Lilian Aragão: pp. 16, 180, 211, 291
Acervo Paulo Aragão: p. 161
Benício/Acervo Paulo Aragão: pp. 162, 163, 164, 165, 166, 167, 168, 169, 170 (esquerda), 171, 172, 173, 174
Estúdios Mauricio de Sousa/Acervo Paulo Aragão: p. 170 (direita)
Acervo Dedé Santana: p. 88
Paulo Salomão/Abril Comunicações S/A: pp. 3, 97, 116
Roger Bester/Abril Comunicações S/A: p. 8
Claudio Versiani/Abril Comunicações S/A: p. 64
Sergio Sade /Abril Comunicações S/A: p. 89
J. Ferreira/Abril Comunicações S/A: p. 96
Ricardo Chaves/Abril Comunicações S/A: pp. 103, 257
Sergio Sbragia/Abril Comunicações S/A: p. 108
Aldyr Tavares/Abril Comunicações S/A: p. 218
Ernani D'Almeida/Abril Comunicações S/A: p. 261
Ricardo Stukert/Revista Caras: p. 205
Rogerio Faissal/Revista Caras: pp. 226, 227
Tomaz Silva/Agência Brasil: p. 78
Adir Mera/Agência O Globo: pp. 93, 229
Luiz Morier/Agência O Globo: p. 104
Anibal Philot/Agência O Globo: p. 119
Fábio Guimarães/Extra/Agência O Globo: p. 125
José Doval/Agência O Globo: p. 182
Arquivo/Agência O Globo: p. 249
Arquivo O Cruzeiro/EM/D.A Press: p. 243
Acervo Última Hora/Folhapress: pp. 66, 141
Mauro Pimentel/Folhapress: pp. 153, 275, 277
Tasso Marcelo/Folhapress: pp. 199, 264
Roberto Price/Folhapress: p. 223
Folhapress: p. 213
Derly/Folhapress: p. 236
Witzel/Getty Images: p. 157
Kim Kulish/Corbis via Getty Images: p. 179
Reprodução: pp. 61, 193, 203, 224
Rafael Martos Martins/Shutterstock: p. 25
TV Globo/Acervo: pp. 107, 110, 111, 197, 233
Globo/João Miguel Júnior: p. 129
Globo/João Cotta: p. 132
Globo/Reinaldo Marques: p. 215
Globo/Ramón Vasconcelos: p. 217

ESTAÇÃO BRASIL

Estação Brasil é o ponto de encontro dos leitores que desejam redescobrir o Brasil. Queremos revisitar e revisar a história, discutir ideias, revelar as nossas belezas e denunciar as nossas misérias. Os livros da Estação Brasil misturam-se com o corpo e a alma de nosso país, e apontam para o futuro. E o nosso futuro será tanto melhor quanto mais e melhor conhecermos o nosso passado e a nós mesmos.

IMPRESSO EM PAPEL Pólen® mais prazer em ler